위대한 12주

THE 12 WEEK YEAR :

Get More Done in 12 Weeks
than Others Do in 12 Months

성공한 사람들은 1년을 어떻게 사용하는가

위대한 12주

브라이언 P. 모런 · 마이클 레닝턴 지음 | 정성재 옮김

클랩북스

"시간은 인간의 발전을 제한하는 가장 큰 장애물이다. 이 책이 제공하는 로드맵을 따르면 더 빠른 속도로 더 좋은 결과를 얻을 수 있다. 실행 속도는 성공의 원동력이며 두 저자는 이 속도 경쟁에서 승리하는 법을 알려 준다. 잠재력을 최대한으로 끌어올리고 싶은 이라면 꼭 읽어야 할 책이다."

조시 링크너
《뉴욕타임스》 베스트셀러 『창의는 전략이다 Disciplined Dreaming』 저자

"두 저자가 소개하는 책임에 대한 관점은 '게임 체인저'다. 책임의 근간이 '선택의 자유'임을 알 때 책임이라는 단어는 전혀 새로운 의미로 다가올 것이다."

칼리 레슬러, 조디 톰슨
『관리가 어려운 이유와 해결책 Why Managing Sucks and How to Fix It』 공동 저자

"12주 프로그램을 도입한 건 개인적으로도 업무적으로도 '신의 한 수'였다!"

위초 에르난데스
LINQ 금융 LINQ Financial 회장

"이 책에서 마음에 드는 점은 실제로 결과를 내도록 돕는다는 것이다! 이 책에는 훌륭한 아이디어가 잔뜩 실려 있다. 하지만 실행에 옮기지 않으면 말짱 도루묵이다. 나 역시 12주 프로그램을 고객들에게 추천해 왔다. 왜냐고? 효과가 좋으니까!"

빌 케이츠 |
『고객 소개를 넘어서 Beyond Referrals』 저자 |

"이 책은 내가 지금까지 읽은 실행법에 관한 책 중 가장 유용한 책이다. 이 책을 정독하고 안의 내용을 열심히 공부하고 12주 프로그램을 삶에 적용한다면, 개인적인 삶과 비즈니스 모두 완전히 달라질 것이다."

제임스 슈메이커 |
슈메이커 금융 Shoemaker Financial CEO |

"20년 넘게 사업을 하고 비즈니스를 가르치고 비즈니스에 관해 글도 쓰고 강연도 많이 해 왔다. 하지만 매일 꾸준히 실행하는 것은 언제나 가장 어려운 일로 남아 있었다. 브라이언과 마이클은 이 책 한 권으로 내 모든 고민을 해결해 주었다."

딕 크로스 |
『그냥 운영하라! Just Run It!』 저자 |

"이 책은 내가 읽은 실용서 중 손에 꼽을 만하다. 여러분에게도 반드시 도움이 될 것이다!"

잭 크라슬라
라디오 방송 〈불가능은 없다 Anything is Possible〉 호스트

"개인의 삶과 비즈니스에서 모두 균형과 성공을 추구하는 사람이라면 이 책을 꼭 읽어 봐야 한다. 비즈니스 성과를 높일 수 있는 실용적이고 훌륭한 아이디어가 가득하며, 실제로 실행에 옮길 수 있도록 단계별 지침까지 부족함이 없다."

로버트 파키미
매스뮤추얼 MassMutual 샌프란시스코 지부 CEO 겸 회장

"내 커리어를 통틀어 '대격변'이라 할 만한 경험은 두 가지뿐이었다. 그중 하나가 바로 12주 프로그램을 만난 것이다. 12주 프로그램 덕분에 회사의 체질이 완전히 바뀌었다."

그레고리 A. 맥로버츠
웨스트포인트 금융 그룹 WestPoint Financial Group 매니징 파트너

"천재적인 책이다! 작가, 연사, 사업가, 남편과 네 아이의 아빠로서 일정을 지키는 유일한 방법은 12주 프로그램을 활용하는 것뿐이다. 이 환상적인 프로그램의 힘을 알지 못한 채 시간이 흘러가게 두어서는 안 된다. 이 프로그램은 인생에 혁신적인 변화를 일으켜 꿈을 현실로 바꿔 줄 수 있다."

패트릭 켈리

베스트셀러 『세금 없이 은퇴하기 Tax—Free Retirement』 저자

"성과를 높이는 원리와 원칙이 잘 소개된 책이다. 이 원리와 원칙 들은 새겨 두면 개인적으로나 비즈니스적으로나 삶을 바꿀 수 있으며 긴박감을 유지하며 살 수 있다."

해리스 S. 피시먼

퍼스트 금융 그룹 First Financial Group 회장

"브라이언과 마이클은 진정으로 힘이 되는 사람들이다. 인생은 예상치 못한 일로 가득하지만, 언제나 장기적으로 가져올 보상을 떠올리며 행동하면 자기 자신은 물론이고 주변 사람을 결코 실망시키지 않을 것이다. 이 책에 담긴 여러 실습과 인생 계획만 봐도 필독서라 할 만하다."

마이클 베수비오

에메랄드 금융 Emerald Financial 회장

당신이 안다고 착각하는 것들

12주로 1년 살기

살고 있는 삶에서
살 수 있는 삶으로

왜 대다수 사람이 능력에 걸맞은 성과를 얻지 못하는 동안 어떤 이들은 눈부신 성과를 내는 걸까? 잠재력을 완전히 일깨울 수 있다면 무엇이 달라질까? 매일매일 최고의 능력을 발휘한다면 우리의 삶은 어떻게 변할까? 하루도 빠짐없이 최고의 상태를 유지한다면 6개월, 3년 그리고 5년 뒤에 무엇이 달라져 있을까?

지난 십여 년 동안 마이클과 나는 이 질문들과 그 안에 담긴 핵심 문제를 두고 고민해 왔다. 우리는 수년간 고객이 보다 효과적으로 업무를 수행하도록 지원하는 일을 했다. 말하자면 개인이나 팀 또는 회사와 함께 계획을 수립하여 그들이 목표를 달성할 수 있도록 뒷받침하는 것이다. 이 과정에서 우리는 개인과 조직이 최고의 성과를 내고 진정한 능력을 발휘하게 도우려면 어떻게 해야 하는지 알고 싶었다.

"우리가 무엇을 해낼 수 있는지 보고 나면, 우리 자신이 가장 놀랄 것이다."

—토머스 에디슨 Thomas Edison

『최고의 나를 꺼내라!The War of Art』의 저자 스티븐 프레스필드Steven Pressfield는 우리에게 두 가지 삶이 있다고 말했다. 하나는 우리가 살고 있는 삶이고, 다른 하나는 우리가 살 수 있는 삶이다. 나는 이 의견에 동의한다. 그리고 두 가지 삶 중 후자에 더 매력을 느낀다. 우리가 살 수 있는 삶이야말로 우리 모두가 간절히 원하는 삶이기 때문이다.

우리는 이 삶이 내면 깊은 곳 어딘가에 존재한다는 사실을 알고 있으며 이 삶이 실현되기를 바란다. 하지만 당신이 현실에 안주하거나 할 일을 미루거나 무엇이든 의심부터 한다면 이러한 삶을 살 수 없다. 최고의 나, 자신감이 충만한 나, 건강한 나로 거듭나야 이런 삶을 이끌어 낼 수 있다. 최선의 능력을 발휘해 성과를 내고 차이를 만들며 의미 있는 삶을 사는 그런 사람이 되어야 한다.

최고의 모습에 도달한다고 생각하니 멋지지 않은가! 그런데 최고의 내가 되기 위해서는 '어떻게' 해야 할까? 따로 필요한 게 있을까? 무척 흥미로운 질문이다. 나는 세계 곳곳을 돌아다니며 만난 수천 명의 사람들에게 이렇게 묻곤 했다. "최고가 되려면 무엇이 필요한가요?" 말할 것도 없이 대답은 천차만별이었다.

이 책에는 단기간에 성과를 네 배 이상 향상시키는 방법이 담겨 있다. 이 책을 읽고 나면 매일 최고의 결과를 내기 위해서는 무엇이 필요한지 정확히 알게 될 것이다. 또한 이 책은 최고의 성과를 내는 자들의 비밀을 파헤친다. 당신 역시 무엇이든 생각에 그치지 않고 행동으로 옮긴다면 놀라운 결과를 얻을 수 있을 것이다. 나아가 조직에서든 인생에서든 위대함을 만드는 일이 그리 복잡하지 않다는 사실을 깨달을 것이다. 물론 복잡하지 않다고 해서 쉬울 것이라 생각해서는 안 된다.

우리가 진정한 능력을 발휘하지 못하도록 막는 최대 요인은 지식이나 지혜 또는 정보가 부족해서가 아니다. 새로운 전략이나 아이디어가 부족해서도 아니고 인맥이 부족해서도 아니다. 충분히 노력하지 않아서도 아니며 타고난 재능이나 운이 없어서도 아니다. 이런 요소들도 당연히 도움이 되지만 차이를 만들 만큼 결정적이지는 않다.

'아는 것이 힘이다'라는 말을 들어 본 적 있을 것이다. 개인적으로는 이 말에 동의하지 않는다. 지식은 이를 활용하고 행동으로 옮길 때 비로소 힘을 얻기 때문이다. 그럼에도 사람들은 지식을 습득하는 데 일생을 바친다. 도대체 무엇을 위해 그러는가? 지식을 바탕으로 무언가 실행을 해야지, 지식 그 자체만으로는 어느 누구에게도 도움이 되지 않는다. 마찬가지로 아무리 훌륭한 아이디어도 실현되기 전까지는 쓸모가 없다. 시장의 보상을 받을 수 있는 건 오로지 실현된 아이디어뿐이다. 아무리 영리해도, 다양한 정보와 뛰어난 아이디어를 접할 수 있어도, 인맥이 풍부하고 재능과 노력을 겸비하더라도 결국에는 아이디어를 실현해야만 한다. 실행이야말로 가장 큰 시장 차별화 요소다. 위대한 기업과 성공한 사람 들은 모두 경쟁자보다 실행력이 뛰어났다. 우리가 살 수 있는 삶에 이르지 못하게 막는 큰 장벽 또한 꾸준히 실행하는 능력이다. 실행을 잘 해낼 수 있다면 자유로워질 수 있다. 그리고 이게 우리가 원하는 것을 얻는 바로 그 길이다.

그동안 살면서 부족했거나 바란 만큼 이루지 못했거나 할 수 있다고 생각했는데 결과가 따르지 않았던 일을 떠올려 보라. 기억 하나하나를 자세히 살펴보면 대부분 실행 단계에서 문제가 발생했다는 걸 알게 될 것이다. 누군가의 성공으로 이어진 새로운 아이디어를 예로 들어 보겠다. 만약 다른 사람이 같은 아이디어를 가지고 있었더라도 똑같이 성공했을까?

우리 고객 중에는 2,000명이 넘는 보험 설계사를 보유한 대형 보험사가 있다. 이 회사에는 해마다 최고의 설계사로 선정되는 사람이 있는데, 이미 짐작했겠지만 동료들은 그에게 비법을 알려 달라고 수년 동안 문의를 해 댔다. 그러자 그는 주저 없이 바쁜 시간을 쪼개 성공의 비결을 똑똑히 알려 주었다. 과연 얼마나 많은 이가 그의 영광을 재현했을까? 물론 그런 사람은 아무도 없었다. 이제 그는 누구에게도 성공의 비결을 가르쳐 주지 않는다. 어차피 아무도 따라하지 않기 때문이다.

미국인 중 65%가 과체중이거나 비만이라고 한다. 체중을 감량하고 건강을 유지하는 데 따로 비결이 있다고 생각하는가? 전 세계적으로 다이어트 및 피트니스 산업의 규모는 600억 달러에 달하며, 매년 다이어트와 운동에 관한 책이 쏟아져 나오고 있다. 실제로 인터넷에서 '다이어트 책'을 검색했더니 4만 5,915건의 결과가 나왔다. 다이어트 책만 거의 4만 6,000권 출판된 셈이다. 그럼에도 여전히 미국인들은 과체중에서 벗어나지 못하고 있다. 식단을 조절하고 몸을 더 움직이면 건강해진다는 걸 다들 알지만 실천하지 않을 뿐이다. 즉, 다이어트와 건강은 지식의 문제가 아니라 '실천'의 문제인 셈이다.

우리가 경험한 바에 따르면, 대부분의 사람은 이미 알고 있는 걸 꾸준히 실천하기만 해도 수입을 두 배에서 세 배는 늘릴 수 있다. 그러나 이들은 새로운 아이디어만 있으면 모든 게 마법처럼 풀리리라 믿으며 끊임없이 다음 아이디어만 뒤쫓는다.

앤 라우프만은 올바른 아이디어를 실행하는 게 얼마나 유익한지 보여 주는 훌륭한 본보기다. 앤은 매스뮤추얼 휴스턴 지부에서 재정 자문인으로 일하고 있다. 앤은 언제나 모든 면에서 성공적이었다. 심지어 자신이 더 많은 일을 해낼 수 있다고도 믿는 사람이었다. 하지만 더 나아갈 방법을 몰라 정체된 상태였다. 그러던 차에 매니징 파트너가 소개해 준 '12주 프로그램'에 사로잡히게 되었다. 결국 앤은 성과를 400%나 향상시키며 여성으로서는 매스뮤추얼 휴스턴 지부 103년 역사상 최초로 올해의 직원에 선정되었다.

여기서 흥미로운 점이 있다. 앤은 이 바닥에서 실적을 올리기 위해 으레 할 법한 일을 하지 않았다. 이를테면 더 부유한 고객을 찾거나 규모가 큰 계약을 노리거나 목표 시장을 넓히는 일 말이다. 대신 그녀는 원래 해 오던 일을 더 꾸준히 하면서 실행력을 끌어올리는 데 집중했다. 성공에 중요한 작업과 전략 몇 가지를 일관되게 실행한 덕분에 엄청난 결과를 낸 것이다. 심지어 이 과정에서 근무 시간이 늘어난 것도 아니었다.

앤의 사례는 결코 특별한 게 아니다. 그저 실행하는 법을 배웠을 뿐인데 놀라운 결과를 낸 개인과 기업의 사례는 수두룩하다.

**무엇을 알고 있는지, 누구를 알고 있는지는 중요하지 않다.
중요한 건 무엇을 실행하는가다.**

우리는 이 책에서 효과적인 실행법을 소개하여 어떻게 최고의 성과를 내고 삶에서 제일 중요한 것을 얻을 수 있는지 알려 줄 것이다. 물론 우리가 이야기할 내용 대부분은 이미 모두가 알고 있는 사실이다. 하지만 앞서 말했듯 그저 알기만 하는 것과 실천하는 것에는 큰 차이가 있다. 성공을 결정짓는 중요한 일들을 꾸준히 실행에 옮기려면 어떻게 해야 하는지 우리가 가르쳐 주겠다.

우리는 현장에서 끊임없이 고객과 함께하면서 고안하고 입증한 것들을 이 책에 담았다. 정말로 효과가 있는 내용만을 기록했으며 그렇지 않은 건 배제했다. 그 결과로 이렇게 간결하지만 강력한 책이 탄생했다. 부디 이 책이 생각을 불러일으키는 촉매가 되기를 바란다. 물론 생각에 그치지 않고 실행까지 이어진다면 더더욱 좋겠다.

이 책을 쓴 이유는 '실행 격차execution gap'를 줄이기 위해서였다. 그렇기에 누구나 실행의 기본 개념을 이해하고 실제로 곧장 적용해볼 수 있도록 책을 구성했다.

책은 크게 두 부분으로 나뉜다. 1부에서는 어떤 프로세스를 거치면 가장 귀중한 목표를 단 몇 주 만에 달성할 수 있는지 다룬다. 이어지는 2부에서는 목표를 실현하는 방법을 소개하며, 1부에 나온 아이디어를 실행하기 위한 구체적인 도구와 팁을 제공한다.

우리의 12주 실행 시스템은 유연하고 쉽게 확장 가능하다. 개인과 조직을 가리지 않고 똑같이 적용할 수 있는 개념이기에 개인적으로든 업무적으로든 쓸모가 있을 것이다. 실제로 고객 중에는 개인뿐만 아니라 조직 전체가 12주 프로그램을 성공적으로 적용한 사례들이 존재한다.

이 책은 간결하지만 그 안에 담긴 발상은 매우 강력하다. 책이 소개하는 내용을 실행할 수 있다면 획기적으로 성과를 높일 수 있다. 이미 독자들이 남긴 수많은 후기가 이 사실을 증명한다.

어떻게 해야 지금보다 성과를 크게 향상시킬 수 있을까? 어떻게 해야 스트레스를 줄이고 자신감을 키울 수 있을까? 어떻게 해야 자기 만족감을 높일 수 있을까? 모두 이 책에서 답을 얻을 수 있다. 더 열심히 일할 게 아니라 정말로 중요한 활동에 온전히 집중해야 한다. 그리고 그 일을 완수해야 한다는 긴박한 마음을 유지하면서 방해가 되는 사소한 것들에는 신경을 꺼야 한다.

　자, 그럼 단단히 준비하기 바란다. 이제 12주 프로그램의 세계에 빠져들 시간이다!

—브라이언 P. 모런, 마이클 레닝턴

1부에서는 위대한 사람이 되기 위해 무엇이 필요한지를 새로운 시각으로 제시한다. 사람들은 최고의 성과를 내고 최고의 능력을 발휘하는 데 필요한 게 무엇인지 잘 안다고 착각하고는 한다. 여기서 그 착각을 깨뜨려 보겠다.

THE 12 WEEK YEAR

당신이 안다고 착각하는 것들

"중요한 건 모든 걸 깨달은 후에 얻는 교훈이다."

– 존 우든John Wooden

1년을 다시 바라보기

사람이나 조직이나 대부분 아이디어가 부족하지는 않다. 효과적인 마케팅 기법, 매출을 늘리고 비용을 줄이는 방법, 고객 서비스 개선 방안 등 분야를 막론하고 언제나 아이디어는 넘치기 마련이다. 이 많은 아이디어를 하나하나 온전히 실행하기에는 감당이 안 될 정도다. 우리가 실패하는 이유는 아이디어가 없기 때문이 아니라 실행하지 않기 때문인 셈이다.

"앞으로 할 일을 가지고는 명성을 쌓을 수 없다."

―헨리 포드 Henry Ford

개인이나 조직이 최고의 성과를 내는 데 방해가 되는 요소 중 하나는 연간 계획을 수립하는 것이다. 이게 무슨 소리인가 싶겠지만, 연간 목표와 연간 계획은 성과를 높이는 데 지장을 주는 경우가 많다. 그렇다고 연간 목표와 연간 계획이 전혀 도움이 되지 않는다는 말은 아니다. 목표나 계획을 전혀 세우지 않는 것보다는 훨씬 낫기 때문이다. 하지만 이렇게 1년 단위로 계획을 짜면 역설적으로 원하는 바를 제대로 이루지 못하게 된다.

지난 몇 년간 함께 일한 고객들을 보면서 흥미로운 패턴을 하나 발견했다. 고객 대다수가 의식적으로든 무의식적으로든 지난 1년 동안 달성한 성과에 따라 성공과 실패가 갈린다고 믿고 있었다. 이들은 연간 목표를 설정하고 연간 계획을 세웠으며, 대개 연간 목표를 바탕으로 분기별 계획과 월별 계획을 세웠다. 그중 일부는 주 단위로 계획을 세분화하기도 했다. 그러나 결국에는 1년을 기준으로 성공과 실패를 판단했다. 우리는 이런 함정을 '연간 사고방식'이라 부른다.

실패하는 연간 사고방식

1년 단위로 목표를 잡고 계획을 세우는 이들은 모두 마음속으로 똑같이 생각하고 있을 것이다. 목표를 달성하기에 1년이면 넉넉하다고 말이다. 1월에 보면 12월은 한참 멀게 느껴지니 그럴 만도 하다.

한번 돌이켜 보자. 새해 첫머리에 원대한 목표를 세우지만 막상 1

월 말쯤 되면 별달리 진전된 것 없이 계획보다 뒤처지기 시작한다. 조금 찜찜하지만 그렇다고 걱정스럽지는 않다. '아직 11개월이나 남았어. 지금부터 해도 시간은 충분해'라고 믿기 때문이다. 3월의 끝 무렵에도 목표는 계획보다 멀리 있지만 여전히 걱정하지는 않는다. 9개월이면 그동안 밀린 계획을 충분히 따라잡을 수 있다고 생각할 뿐이다. 이 사고 패턴은 연말까지 이어진다.

우리는 연말까지 시간이 많이 남았다고 착각하곤 한다. 그리고 이렇게 착각하는 그대로 행동하고 만다. 즉, 절박함을 느끼지 못한 채 매주, 매일, 매 순간의 중요함을 모르고 살아간다. 하지만 무언가 실행하고 성과를 내는 일은 기본적으로 매일, 매주 할 수 있는 일이다.

연간 사고방식에는 잘못된 전제가 또 하나 숨어 있다. 바로 연말이 되면 성과가 확연히 좋아질 것이라는 믿음이다. 마치 9월이나 10월을 지날 때쯤 마법 같은 일이 일어나 자신을 도와주기를 바라는 것만 같다. 당장 이번 주에도 원하는 결과를 내지 못하면서, 도대체 무슨 근거로 올해 안에 성과를 크게 향상시킬 수 있다고 믿는 걸까?

현실은 매주, 매일, 매 순간이 중요하다는 것이다! 실행은 달마다 또는 분기마다 일어나는 일이 아니다. 실행은 매일, 매주 이루어진다는 사실을 명심하기 바란다.

1년 단위로 사고하고 계획하여 최고의 성과를 내는 경우는 많지 않다. 최고의 기량을 발휘하려면 연간 사고방식에 얽매여서는 안 된다. 1년을 기준으로 생각하지 말고 더 짧은 시간 단위에 집중해야 한다.

사람들은 1년마다 계획을 세우고 실행하기를 반복한다. 그러다 보면 인생은 매 순간을 살아가는 것이며 성공 역시 순간에 좌우된다는 사실을 놓치고 만다. 심지어 중요한 일을 미뤄도 목표한 바를 이룰 수 있다고 방심하게 된다.

물론 누군가는 의문을 제기할지도 모른다. 세상 거의 모든 조직이 1년 단위로 계획을 수립하고 운영되며, 그중 대부분이 목표를 잘 달성하지 않느냐고 말이다. 그럼 나는 이렇게 되묻고 싶다. 계획을 세웠다고 해서 이들이 능력에 걸맞은 성과를 냈다고 확신할 수 있을까?

우리의 고객 중에는 12주라는 짧은 시간 동안 성과를 50%나 끌어올리는 데 성공한 조직도 있었다. 12주 프로그램으로 10억 달러 규모의 한 증권사가 6개월 만에 매출을 두 배 늘린 사례도 존재한다. 만약 1년 단위로 계획을 세우고 실행했다면 이런 결과는 나오지 못했다. 이미 어느 정도 성과를 내고 있는 개인이나 조직도 1년보다 더 짧은 주기로 움직인다면 성과를 더 향상시킬 수 있을 것이다.

그럼 연간 사고방식을 버리고 어떤 일이 벌어지는지 직접 확인해보라.

연말에 성과가 좋은 이유

연말이 다가올 때면 여기저기서 이보다 더 쌀 수는 없다며 광고를 해 댄다. 이런 연말 할인 행사는 실제로 효과가 있기 때문에 웬만한 업계에서는 관행처럼 자리 잡았다.

이처럼 연말에는 모두가 집중하여 중요한 업무를 마무리하느라 바쁘다. 11월이 되어서도 한 해 농사가 성공인지 실패인지 가늠하기 어려운 경우가 많은데, 대개 새해가 다가올수록 성과가 급성장하기 때문이다.

보험 및 금융 서비스 업계에서 이런 일은 비일비재하다. 업계의 많은 회사가 전통적으로 1년 중 12월에 최고의 성과를 기록하며, 4분기 매출은 연 매출의 30%에서 40%에 육박한다. 목표와 기한만 정해지면 이토록 놀라운 일이 벌어지는 것이다.

확실히 연말에는 대다수 업계가 바쁘게 움직인다. 시장은 활기를 띠며 사람들도 집중력을 바짝 높인다. 달성해야 할 명확한 목표가 있으니 낭비할 시간은 없다. 중요한 프로젝트가 남아 있다면 집중해서 마무리하고, 절호의 기회가 찾아왔다면 놓치지 말아야 한다. 당장 가시적인 성과를 내기 어려운 업무는 잠시 미뤄 두고 정말로 중요한 단기적인 업무에 최대한 집중하는 게 좋다.

한 해가 끝나갈 때쯤이면 실적에 관한 대화가 늘어나는 것 같다. 경영진 또한 각자의 목표를 달성하기 위해 집중하는 한편, 그 어느 때보다도 시간을 많이 할애해 직원들의 성과를 검토하고 격려의 메시지를 보낸다.

도대체 연말이 뭐길래 이러는 걸까? 어째서 11월이나 12월만 되면 7월, 8월에는 안 하던 행동을 하는 걸까? 역시나 정답은 기한이다. 대다수 사람들이 12월 31일을 기한으로 두고 있기 때문에 이런 일이 벌어지는 것이다.

연말은 우리의 성공과 실패를 가르는 기준점이다. 임의로 정해진 기한 아니냐고 묻지는 말라. 어차피 다들 12월 31일을 진정한 기한으로 믿고 있다. 우리에게 긴박감을 조성해 주는 게 바로 이 기한이다.

기한만큼 동기부여에 좋은 건 없다.

스스로 정한 것이든 회사에서 정한 것이든 11월과 12월은 중대한 시기다. 이 시기가 되어서도 미적거리는 사람은 웬만해선 잘 없다. 오히려 시간에 쫓긴다는 생각이 들어 그동안 외면하고 내팽개쳐 둔 업무를 슬슬 들여다보는 때다. 12월 31일까지는 이런 긴박감이 너무 압도적이라 산만해질 수도 휴식을 취할 수도 없다. 마치 시간 내에 결승선을 통과하려는 사람처럼 새해가 밝기 전에 맡은 일을 마무리하기 위해 최선을 다한다.

게다가 새해가 다가올수록 누구나 기대감으로 들뜨기 마련이다. 올해 얼마나 성과를 냈든지 간에 다음 해에는 더 나아지리라고 희망을 품는 것이다. 힘든 1년을 보냈다면 다가오는 1년은 새로운 마음으로 시작할 수 있는 기회가 되어 준다. 반대로 지난 1년이 만족스러웠다면 이를 자양분 삼아 다음 1년을 더 멋지게 보낼 수 있다.

어느 쪽이든 새해에는 좋은 일이 일어날 거라는 희망과 기대로 가득하다.

이렇듯 연말은 생산적이면서도 즐거운 시기다. 아마 1년 중 제일 매력적인 시기를 꼽자면 마지막 5~6주가 아닐까 싶다. 이 기간 동안에는 한 해를 멋지게 마무리하고 새해를 기쁜 마음으로 맞이하기 위해 모두가 정신없이 달리게 된다. 문제는 이런 긴박감이 기껏해야 몇 주 동안 지속된다는 것이다. 만약 1년 내내 넘치는 에너지로 목표에 집중하고 전념할 수 있다면 얼마나 좋을까? 다행히도 누구나 그렇게 할 수 있다! 그 방법은 12주 프로그램과 주기화 개념으로 차차 알아보자.

역량을 극대화하는 주기화

원래 주기화는 운동선수들의 수행 능력을 빠르게 향상시키기 위한 훈련 기법 중 하나였다. 주기화의 원리는 간단하다. 특정한 능력이나 기술 하나에 집중하고 과부하를 일으키는 것이다. 스포츠 분야에서는 일반적으로 4주에서 6주 동안 한 가지 기술을 연마하는 집중 프로그램의 형태로 주기화 전략을 활용한다. 정해진 기간 동안 집중 훈련을 마치면 다음 기술로 넘어가 다시 4주에서 6주 동안 훈련하게 된다. 주기화 훈련은 1970년대에 올림픽을 앞둔 동유럽 운동선수들이 처음으로 적용했으며, 오늘날에도 다양한 훈련 프로그램에 널리 도입되어 있다. 주기화 기법을 적용하면 기술 하나하나마다 그 역량을 극대화할 수 있다고 한다.

"우리가 반복적으로 하는 일이 곧 우리 자신이다. 탁월함은 행동이 아니라 습관이다."

—아리스토텔레스 Aristoteles

　우리는 주기화 개념이 고객들은 물론이고 우리 자신의 일에도 얼마나 큰 힘이 될 수 있는지 깨달았다. 그리고 개인과 조직의 성공에 적합하도록 주기화 개념을 약간 조정했다. 우리가 고안한 주기화는 12주 동안 진행되며 소득과 삶의 균형을 이끄는 핵심 요소에 집중한다. 이 12주 프로그램은 오늘 해야 할 중요한 일을 매일매일 정해 주어 결국에는 장기 목표에 다다르도록 돕는다.

　12주 프로그램은 체계적인 방법론으로서 생각과 행동을 근본적으로 바꿀 수 있다. 우선, 우리가 얻은 결과는 우리의 행동에서 직접적으로 비롯된 부산물임을 이해해야 한다. 그런데 행동이란 결국 근원적인 생각이 겉으로 드러난 것이다. 그러므로 생각이 결과를 이끌어 낸다고 할 수 있다. 어떻게 생각하느냐에 따라 인생이 달라지는 셈이다.

　장기적으로 보면 행동은 평소에 생각하는 것들에서 비롯된다. 그저 행동을 바꾸려고만 한다면 결과는 조금씩 개선될 뿐이지만 생각을 바꾸면 모든 게 달라진다. 생각을 바꾸면 행동 역시 새로운 사고

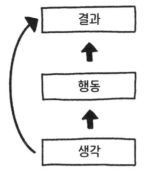

결국 결과는 생각의 발현이다.

패턴에 맞춰 자연스럽게 변화하며 이렇게 비약적인 개선이 이루어진다. 즉, 획기적인 성과는 단순히 행동에서 시작되는 게 아니며, 애초에 그 이면의 생각에서부터 만들어진다. 바로 여기에 12주 프로그램의 강력한 힘이 담겨 있다. 12주 프로그램으로 우리 는 사고방식 자체를 바꾸어 눈부신 성과를 낼 수 있다.

결과적으로 우리는 긴박감이 고조되면서 성공으로 이끄는 핵심적인 활동에 더 몰두하게 된다. 특히 매일매일 핵심 활동을 수행하여 장기적인 목표에 한층 더 가까워질 것이다. 이처럼 12주 프로그램으로 개인과 조직은 큰 성공을 거두는 방법을 깨닫고 그 방법에 집중할 수 있다. 무엇이 중요한지 명확하게 파악하는 능력, 그리고 매일 해야 할 일에 전념케 하는 긴박감 역시 12주 프로그램에서 얻을 수 있다. 나아가 당장 오늘 주어진 기회를 수확함과 동시에, 앞으로도 지속적으로 성공을 이끌어 낼 수 있는 씨앗을 심게 될 것이다.

12주로 사는 1년

1년이라는 시간은 잊기 바란다. 연간 사고방식이 얼마나 위험한지 깨달았으니 이제 1년을 다시 정의할 때다. 앞으로 우리의 1년은 12개월이 아니라 12주다. 1년이 4개 분기로 나뉜다는 낡은 고정 관념은 더 이상 통하지 않는다. 이제부터 12주가 지나면 1년이 지난 것이다. 그다음 12주가 또 1년이 되고, 이어지는 12주가 또 1년이 된다. 매 12주 주기는 서로 독립적이며 무한히 반복된다.

1년이 12주가 된다는 게 어떤 의미인지 생각해 보라. 원래 12월이 될 때만 올라오던 열정과 에너지, 집중력이 이제는 꾸준히 지속된다. 연간 목표를 달성하려 연말에 무리하는 관행 또한 끝이며 앞으로는 매일매일 일정하게 노력하는 삶이 시작될 것이다.

사람들이 11월이나 12월이 되어서야 다르게 행동하는 이유는 12월 31일에 성공과 실패가 판가름 난다고 믿기 때문이다. 그러나 이미 지적했듯이 12월 31일은 365일 중 하루에 불과하며 달리 특별하게 여길 구석이 없다. 단지 한 해의 마지막 날이다 보니 그간의 성과를 결산하기에 적당한 날짜로 느껴질 뿐이다. 우리 고객사 중 한 곳은 6월 30일에 회계 연도가 끝난다. 이 회사에는 12월이 아니라 6월이 가장 바쁜 시기다. 한 해를 멋지게 마무리하기 위해 모두가 열심이기 때문이다. 결국 날짜 그 자체는 별로 중요하지 않다. 중요한 건 언제가 되었든 어느 시점에는 게임이 끝나고 성공과 실패가 결정된다는 것이다.

"

앞으로 우리의 1년은
12개월이 아니라 12주다.

"

1년을 12주로 바라보면, 어떤 게 성공적이었고 어떤 게 아쉬웠는지 평가할 수 있는 최종일 역시 달라진다. 최종일이 12주에 한 번씩 다가오기 때문에 항상 마감이 멀지 않게 느껴지고 목표에 신경을 쓸 수밖에 없다. 이 12주라는 시간은 목표를 달성하기에 충분히 길어 보이면서도, 적당히 긴박함을 느끼며 바쁘게 움직일 만큼 짧아 보이기도 한다. 기한이 코앞에 닥쳐야 움직이는 건 인간의 자연스러운 본성이지만, 중요한 일을 미루거나 피해서는 12주마다 목표를 달성할 수 없다. 항상 집중하고 몰두해야만 한다.

막상 12주 프로그램을 시작해 보면 누구나 실행력이 부족하다는 사실을 직면하게 된다. 하지만 1~2주만 대충 흘려보내도 12주 전체가 엉망이 되고 말 것이다. 결국 12주 중에 중요하지 않은 주, 중요하지 않은 날은 없다.

이렇듯 1년이 12주가 된다면 일단 초점이 한 주로 맞춰지고, 거기서 더 나아가 실행이 이루어지는 하루하루로 초점이 또 한 번 맞춰진다. 이제는 연말까지 시간이 많이 남았다며 중요한 일을 미뤄 두는 사치를 부릴 수 없다. 이제는 연말이 되어서야 또는 분기나 반기가 끝나갈 때가 되어서야 부랴부랴 일에 매달리는 버릇도 끝이다. 우리는 목표를 달성하기 위해 필요한 일을 매일, 궁극적으로는 매 순간 실행할 줄 알아야 한다. 이게 바로 현실이며 12주 프로그램이 우리에게 알려 주는 가르침이다.

여기에 더해 새해를 기대하고 맞이하는 경험을 12주마다 할 수 있다. 그전까지는 3분기가 지날 때쯤 연간 목표를 달성하기가 불투

명해 보이면 자괴감에 빠지곤 했을 것이다. 10월을 앞두면 개인적으로는 물론이고 심지어 팀 전체가 벌써 속으로는 목표를 포기하는 경우가 드물지 않았다. 물론 12주 프로그램과 함께라면 일어나지 않을 일이다. 이제 12주마다 마치 새해를 맞이하듯 산뜻하게 출발할 수 있다. 힘든 12주를 보냈다면 훌훌 털어 버리고 다시 12주를 시작하면 된다. 반대로 지난 12주가 만족스러웠다면 그 기세를 이어 다음 12주를 더 알차게 보낼 수 있다. 어느 쪽이 되었든 12주마다 새롭게 시작하는 것이다.

12주 프로그램은 모든 걸 바꾼다!

이제는 12주가 끝날 때마다 원래 연말에 그랬듯 성과를 기념하고 휴식을 취하며 재충전하면 된다. 주말만으로 충분할 수도 있고 일주일 정도 휴가를 보내는 것도 좋다. 중요한 건 반드시 시간을 할애해 지난 12주를 돌이켜 보는 것이다. 성찰하며 마음을 가다듬고 다시 시작할 에너지를 얻어야 한다. 성취 지향적인 사람은 대개 앞으로 가야 할 길은 잘 살피는 반면 이미 지나 온 길은 등한시한다.

1년을 12개월이 아닌 12주로 바라보면, 그 기간 동안 얼마나 전진했고 어떤 성과를 냈는지 정리하고 기념할 기회가 적어도 세 번은 더 생기는 셈이다. 이처럼 12주 단위로 계획을 실행해도 중간중간 휴식기를 거치면서 지나치게 앞서 나가지 않고 한 주 한 주를 소중히 여길 수 있게 된다.

2장

감정과 비전 연결하기

계획을 효과적으로 실행하는 방법은 복잡하지 않다. 그렇다고 쉽다는 뜻도 아니다. 사실 개인이든 조직이든 대다수가 실행 자체를 잘 해내는 데 어려움을 겪고 있다. 실행에는 필연적으로 새로운 행동이 앞서야 하는데, 사람은 누구나 익숙하지 않은 행동에 불편함을 느끼기 때문이다.

일의 난이도가 너무 높거나 그 일을 하는 과정에서 괴로운 마음이 든다면, 실행에 드는 단기적 비용이 목표 달성에 따른 장기적 이익보다 훨씬 크게 느껴질 수가 있다. 이렇게 느끼는 순간 대부분의 개인과 조직은 그 일을 내팽개치며 심지어 계획 전체를 포기해 버리기도 한다. 이 문제를 어떻게 해결할 수 있을까? 우리의 경험에 따르면 계획을 성공적으로 실행하기 위해서는 목표와 감정적으로 강력하게 연결되어야 한다.

정말 피치 못할 사정이 있는 게 아닌 이상 편안한 일을 두고 불편한 일을 자진할 사람은 거의 없다. 문제는 대부분의 중요한 일과 행동은 모두 불편함을 수반한다는 점이다. 위대한 사람이 되고 싶다면, 자신의 능력을 한껏 발휘해 성과를 내고 싶다면, 그리고 계획한 바를 마음먹은 대로 실행하고 싶다면 결국 제일 먼저 포기해야 하는 건 편안함이다. 편안함을 제쳐 두고 진정으로 중요한 일에 몰두해야만 잠재력을 터뜨릴 수 있다. 따라서 실행을 잘 해내려면 우선 잠깐의 편안함을 얼마든지 포기할 수 있을 정도로 간절하고 굳건하게 장기적 비전을 설정하고 꾸준히 유지해야 한다. 그리고 이어서 단기 목표와 계획을 장기적 비전에 맞게 조정해야만 한다.

교감할 수 있는 비전 세우기

장기적 비전을 설정하고 싶다면 자신이 간절히 이루고 싶은 게 무엇인지 생각해 보라. 어떤 유산을 남기고 싶은가? 자신과 가족을 위해 무엇을 원하는가? 영적인 측면에서는 어떤 것을 원하는가? 얼마나 안정감 있는 삶을 추구하는가? 돈은 얼마나 많이 벌고 싶은가? 커리어에서 금전적인 것 외에 어떤 결실을 맺고 싶은가? 꾸준히 탐구하고 싶은 관심사가 있는가? 만약 시간이 주어진다면 진심으로 무엇을 하고 싶은가?

뛰어난 성과를 내면서 동시에 새로운 지평을 여는 위대한 사람이 되려면 확실하고 설득력 있는 비전을 가져야 한다. 앞으로 더 뛰어난 성과를 거두기 위해서 지금보다 더 원대한 비전을 품어야 하며, 특히 그 비전과는 진심으로 교감할 수 있어야 한다는 뜻이다. 그렇지 못하면 굳이 변화의 고통을 감수하면서까지 행동에 나설 이유가 없다.

"불가능해 보이는 성취는 불가능한 꿈을 꾸는 자만이 이룰 수 있다."

— 로버트 K. 그린리프 Robert K. Greenleaf

비전을 가져야만 좋은 결과를 얻을 수 있다. 창조는 두 단계를 거쳐 이루어지는데, 먼저 정신적 창조를 거친 뒤 물리적 창조가 이어진다. 결국 뛰어난 성과를 거두는 데 가장 큰 걸림돌은 물리적 산물이 아니라 정신적 산물을 내놓는 일이다. 그 누구도 결코 정신을 앞질러서 실체적 결과를 낼 수 없다. 앞으로 무엇을 할 수 있을지 생각하는 것조차도 일단 비전을 세워야만 가능한 일이다.

비전을 세우려면 자신이 무엇을 이루고 싶은지 명확하게 파악해야 한다. 사람들은 대개 비즈니스나 커리어에 집착하지만 비즈니스든 커리어든 모두 삶의 일부일 뿐이다. 인생의 비전이야말로 비즈니스의 원동력이자 근본적인 의미다. 그러니 우선

개인적인 비전을 떠올려 보기를 권한다. 말하자면 자신의 삶이 훗날 어떻게 되기를 바라는지 생각해 보는 것이다. 개인적인 비전

이 정립되고 나면, 이어서 그 비전을 실현하기 위해 비즈니스를 어떻게 발전시킬지 고민하면 된다. 비전은 납득하기 쉬울수록 실행에 옮길 가능성 또한 커진다. 즉, 개인적인 비전을 잘 세우면 매일매일 수행해야 하는 업무에도 감정적으로 *끈끈하게* 연결되어 실행력이 높아진다.

현재보다 더욱 원대한 미래를 그려야만 비전의 놀라운 힘을 경험할 수 있다. 더 높은 단계에 올라 획기적인 성과를 내고 싶은가? 그렇다면 두려움, 불확실성, 불편함을 모두 이겨 내야 한다. 이런 어려움 속에서도 계획을 포기하지 않도록 이끌어 주는 것이 바로 스스로 설정한 개인적인 비전이다.

열정을 발휘하려면 개인적인 비전에 진정으로 이끌려야 한다. 각자 열정을 쏟아붓고 있는 대상을 떠올려 보라. 그 뒤에는 틀림없이 명확한 비전이 자리하고 있을 것이다. 반대로 비즈니스나 인간관계에서 부쩍 열정을 잃어 가고 있다면 그건 열정이 아니라 비전에 문제가 생겼기 때문이다. 그럼 어떻게 해야 개인적으로든 비즈니스에서든 설득력 있는 비전을 세워 궁극적으로 인생의 목표를 달성할 수 있을지 살펴보자.

"나는 지금껏 평생 다른 누군가가 되고 싶어 했다. 하지만 더 구체적으로 목표를 세웠어야 했다는 사실을 이제야 깨달았다."

—릴리 톰린 Lily Tomlin

첫 번째 단계는 개인적인 비전을 세우는 것이다. 개인적인 비전은 분야를 막론하고 인생에서 무엇을 이루고 싶은지 명확하게 담고 드러내야 한다. 더불어 종교, 인간관계, 가족, 소득, 라이프 스타일, 건강, 커뮤니티 생활 등 수많은 영역에서 어떤 삶을 살 것인지 또한 분명히 밝혀야 한다. 이렇게 개인적인 비전을 설정하고 나면 비즈니스나 커리어 목표에 감정적으로 연결될 수 있는 기반이 갖춰지며, 결국 비즈니스에서 바라는 바와 인생에서 바라는 바가 명확히 부합하게 된다.

이렇듯 비즈니스 비전은 개인의 비전에 비추어 설정해야 강력한 힘을 발휘할 수 있다. 비즈니스에서 어려운 상황에 직면할 때 대다수가 극복에 실패하는 이유도 두 비전이 제대로 연결되지 않았기 때문이다.

비즈니스 목표 자체는 사실 목표라기보다는 오히려 진정한 목표를 달성하기 위한 수단에 가깝다. 비즈니스에서 성공적인 결과를 만드는 진짜 동력은 개인적인 비전이다. 애초에 우리가 일을 하는 근본적인 이유 역시 개인적인 비전을 이루기 위해서다. 그럼에도 여전히 너무 많은 회사가 개인적인 비전은 고려도 하지 않은 채 어떻게 성과를 낼 수 있을지만 고민하며 헛다리를 짚는다.

일단 개인적인 비전과 일터에서의 성공이 어떻게 연관되는지 이해해야 한다. 그러면 개인적 비전을 온전히 이루는 데 얼마나 많은 일과 얼마나 많은 수익이 필요할지 정확하게 파악할 수 있다.

비전은 우리에게 난관을 극복하고 실행을 이어 갈 수 있는 시야

"

비즈니스에서
성공적인 결과를 만드는
진짜 동력은
개인적인 비전이다.

"

와 감정적 연결 고리를 제공한다. 너무 어렵거나 싫은 일을 해야 할 때도 이 연결 고리로 개인적인 목표와 비전을 떠올릴 수 있다면 문제없이 해낼 수 있다. 감정적 연결 고리가 강인한 정신력을 키워 주기 때문이다. 나아가 그 어떤 어려움도 극복하여 결국에는 원하는 바를 이룰 수 있게 된다.

뇌와 비전의 상호작용

뇌는 참 신비로운 신체 기관이다. 데이비드 프로스트David Frost는 이런 말을 남기기도 했다. "우리의 뇌는 아침에 일어나자마자 돌아가기 시작해서 출근하는 순간 작동을 멈춘다."

인간의 뇌는 아주 놀랍고 강력하지만 때로는 모순적이기도 하다. 워낙 기능이 다양하다 보니 동시에 상반된 목적을 지향하며 작동하는 게 아닌가 싶은 것이다. 실제로 머릿속에서 대립되는 명령이 충돌하는 기분을 느낀 적 있지 않은가? 멀쩡한 사람도 많이 그러니 걱정하지 않아도 된다. 심지어 획기적인 연구 결과가 발표되기도 했다. 이러한 모순과 충돌을 규명하고 원하는 삶을 살기 위해 뇌를 효과적으로 활용하려면 어떻게 해야 하는지 제시하는 연구였다.

연구에 따르면 불확실성과 위험에 직면할 때 뇌의 편도체라는 부위가 민감하고 부정적인 반응을 일으킨다. 사실 이 반응 덕분에 우리는 본능적으로 위험을 피하고 생존할 수 있다. 하지만 현실과 크게 동떨어진 미래를 상상할 때도 그 간극에서 우리는 불확실함을 느낀다. 상상 속의 미래를 어떻게 실현할 수 있는지 모르기 때문인데, 바로 이럴 때 편도체가 존재감을 드러낸다.

편도체는 우리가 불확실하고 위태로운 상황에 처하지 않도록 돕는다. 그런데 현재 상황보다 훨씬 더 크고 대담한 미래를 그리면서 안전지대에서 벗어날라치면, 편도체가 이를 위험으로 간주하여 우리가 미래를 상상하는 과정 자체를 차단해 버린다. 편도체가 위험을 감지하고 회피하는 바람에 도리어 방해가 되는 셈이다.

어떻게 보면 누구나 변화를 거부하는 경향이 있기 때문에 제때 훌륭한 성과를 내지 못하는 것일지도 모른다. 아무래도 바람직한 현상은 아니다. 그렇다고 희망이 없는 건 아니다. 우리의 뇌에는 편도체에 맞설 수 있는 부위인 전전두 피질이 존재하기 때문이다. 전전두 피질은 탁 트인 풍경을 바라볼 때 활성화된다고 알려져 있는데, 흥미로운 점은 미래에 훌륭한 사람이 된 자신을 상상할 때에도 전전두 피질이 활성화된다는 것이다. 실제로 뇌 과학자들이 실험한 결과, 피실험자가 근사한 미래를 떠올릴 때면 전전두 피질에서 전기 자극이 증가했다.

인간의 뇌는 변화에도 능숙하다. 예전만 해도 성인이 되면 뇌는 더 이상 변하지 않는다는 게 학계의 정설이었다. 그러나 오늘날의 뇌 과학자들은 시간이 흐르면서 뇌가 끊임없이 변할 수 있다는 걸 안다. 특히 우리가 자주 사용하는 부위는 실제로 크기가 커질 뿐만 아니라 신경 세포의 연결이 늘어난다고 한다.

이처럼 뇌가 변화하는 능력을 신경가소성이라고 부른다. 뇌를 어떻게 활용하느냐에 따라 생리학적으로 뇌가 변하고 발달할 수 있다는 뜻이니 매우 중요한 능력임에 분명하다.

우리 입장에서는 신경가소성이 축복이 될 수도 저주가 될 수도 있다. 부정적으로 보자면 의도적으로 전전두 피질을 활성화시키지 않는 한, 편도체가 상대적으로 강화될 가능성이 높으며 결국 인간으로서도 발전하고 성장하기 어려워진다. 하지만 생각만으로도 뇌를 바꿀 수 있다는 건 좋은 소식임에 틀림없다. 누구나 뇌를 더 강하게 만들 수 있다. 훗날 더 멋있어진 자신을 상상하거나 원하는 삶과 감정적으로 이어진 비전을 꾸준히 떠올리기만 하면 된다.

여기서 더욱 반가운 사실이 하나 있다. 비전을 머릿속에 떠올릴 때 활성화되는 신경 세포는 비전을 실현하려 행동할 때 활성화되는 신경 세포와 동일하다. 바꿔 말하면, 비전을 생각하기만 해도 뇌가 강화되고 비전 달성에 필요한 실행력 또한 자연스레 커진다는 뜻이다. 그렇다고 전제를 잊지는 말자. 먼저 스스로에게 동기부여가 될 비전을 세우고 그 비전과 어떻게 감정적으로 연결될 수 있는지부터 깨달아야 한다.

"말해 보라. 거칠지만 소중한 단 한 번뿐인 인생, 당신은 무엇을 할 셈인가?"

—메리 올리버 Mary Oliver

3장

연간 계획 버리기

목적지가 확실히 정해졌다면 이제 그곳에 도달할 수 있는 방법을 찾아야 한다. 온 가족이 자동차 여행을 떠나는데 지도 없이 운전을 해야 한다고 상상해 보라. 이런 상황을 반길 사람은 웬만해선 없을 것이다.

계획 없는 비전은 한낱 꿈에 불과하다.

비전이나 커리어 목표를 달성하기 위해 계획을 짜는 건 자동차 여행에서 지도를 준비하는 것보다 훨씬 더 중요하다. 물론 비즈니스 계획보다 여행 계획을 세우는 데 더 열심인 사람이 대다수이니 안타까울 노릇이다.

계획대로 일을 진행하면 세 가지 장점을 누릴 수 있다.

1. 실수가 줄어든다.
2. 시간이 절약된다.
3. 집중력이 높아진다.

우리는 계획을 세우는 과정에서 목표를 달성하기 위한 최선의 방법을 미리 구상하게 된다. 앞으로 저지를 법한 실수도 예측하고 대비해 보면서 실제로 계획을 실행에 옮길 때 실책을 최소화할 수 있다.

심지어 계획을 세우면 시간과 자원을 크게 아낄 수 있다는 연구 결과도 여럿 존재한다. 계획을 세우느라 시간과 자원을 써 버릴 텐데 아리송한 결과다. 사실 대다수 사람은 시간을 생산적으로 활용하려면 쉴 틈 없이 무언가를 하거나 움직여야 한다고 믿는다. 하지만 계획을 세우는 데 쓰는 시간이야말로 그 어느 시간보다 생산적이다.

마지막으로, 좋은 지도가 우리를 목적지로 잘 안내해 주듯 계획을 잘 세워 두면 집중력과 목표 의식을 잃지 않을 수 있다. 집중을 깨뜨리는 온갖 방해물이 하루가 멀다 하고 괴롭혀도, 전략적으로 중요한 일에 계속 열중할 수 있도록 계획이 길잡이가 되어 준다.

12주 계획과 연간 계획의 차이

계획을 세울 때 누릴 수 있는 장점 세 가지를 알아보았다. 그런데 이 세 장점은 12주 단위로 계획을 세울 때 위력이 극대화된다. 우리에게 너무나 익숙한 연간 계획으로는 결코 12주 계획만큼 효과를 볼 수 없다. 참고로 12주 계획을 분기 계획과 동일시해서는 안 된다. 분기 계획은 고리타분한 연간 계획의 일부일 뿐 12주 계획과는 근본적으로 다르다. 12주 계획을 따른다면 매 12주는 서로 독립적으로 존재하고 기능한다. 12주가 지날 때마다 새해가 찾아오는 셈이며, 바꿔 말하면 12주마다 훌륭한 성과를 낼 수 있는 새로운 기회가 열리는 것이기도 하다.

12주 단위로 계획을 세우는 것은 연간 계획을 세우는 것과 비교해 세 가지가 뚜렷하게 다르다.

첫 번째, 12주 계획은 연간 계획에 비해 예상한 대로 흘러가기 쉽다. 더 먼 미래를 계획할수록 예측 가능성은 줄어들기 때문이다. 장기 계획을 세우려다 보면 자꾸 가정에 가정을 더하다 결국 불확실한 가정만 산더미처럼 쌓이기 마련이다.

다가올 11개월 내지 12개월 동안 매일 무엇을 할지 계획하는 건 굉장히 어려운 일이다. 누군가는 가능할지도 모르겠으나 아마 대다수는 실패할 것이다. 그러다 보니 연간 계획을 세울 때에는 일반적으로 목표에 초점을 맞추게 된다.

하지만 12주 단위로 계획을 세우면 예측 가능성이 훨씬 높아진다. 향후 12주에 걸쳐 매주 무엇을 해야 하는지 제법 확실하게 정할 수 있을 정도다. 12주 계획은 숫자와 활동에 초점을 맞춰 수립되며, 12주 계획 하에서 매일매일 하는 일은 자연스럽게 최종 목표와 강력하게 이어진다.

두 번째, 목표에 더욱 집중할 수 있다. 1년 단위 계획을 세우면 목표를 지나치게 많이 설정하는 바람에 정작 실행에 옮기는 데에는 실패하기 쉽다. 이처럼 목표가 과도하게 많아지는 근본적인 이유는 12개월짜리 계획을 짜기 때문이다. 앞으로 365일 동안 하고 싶은 일을 생각해 보면 온갖 목표가 포함되는 게 당연할지도 모른다. 안타깝지만 그러다 보면 환멸과 좌절감을 느낄 수밖에 없다. 목표가 너무 많아 집중력이 분산되어 막상 어느 하나도 똑바로 달성하지 못하기 때문이다. 연간 계획으로는 훌륭한 결과를 내기 어렵다는 사실을 명심해야 한다.

사실 우리 앞에 놓인 기회는 너무나도 많다. 모든 기회를 하나하나 따져 보기 불가능할 정도다. 이런 상황에서 12주 계획을 따르면 여러 목표에 어중간하게 손 뻗치지 않고 중요한 몇 가지 목표에만 확실히 집중할 수 있다. 영향력이 클 것 같은 순으로 두세 가지 목표를 설정한 뒤 그 목표에 전념해 보자. 이렇게 소수의 핵심 분야에 초점을 맞춘다면 계획을 실행으로 옮길 수 있는 에너지와 긴박감이 형성된다.

세 번째, 12주 계획은 연간 계획에 비해 짜임새를 갖추고 있다. 연간 계획은 대개 겉만 번지르르하며 계획을 위한 계획인 경우가 많

"

"영향력이 클 것 같은 순으로
두세 가지 목표를 설정한 뒤
그 목표에 전념해 보자."

"

다. 이런 계획은 멋들어진 바인더에 남기만 할 뿐 실행으로 이어지는 일은 거의 없다.

12주 목표 설정하기

계획 세우기의 요점은 목표 달성에 필요한 주요 과업 몇 가지를 파악하고 실행하는 데 있다. 계획이 정작 실행에 별 도움이 되지 않는다면 계획을 세울 이유가 없다. 하지만 안타깝게도 계획을 세울 때 실행까지 고려하는 사람은 많지 않다. 계획을 짜임새 있게 수립해야 실행 또한 효과적으로 할 수 있음을 알아야 한다. 계획은 너무 복잡하게 세워도 안 되고 너무 대강 세워도 안 된다. 우선 12주 동안 달성하고자 하는 종합적인 목표부터 설정해 보자. 이 목표가 12주 계획의 성패를 판가름한다. 목표를 달성했다면 훌륭한 12주를 보낸 셈이며 장기적 비전에 한층 가까워졌다는 뜻이 된다.

"어디로 가는지 모른 채 움직이면 결국 엉뚱한 곳에 도착하고 말 것이다."

—요기 베라Yogi Berra

12주 목표를 설정하고 나면 그다음으로는 전술을 세울 차례다. 전술을 세우는 가장 쉬운 방법은 12주 목표를 하나하나 개별적으로 다루는 것이다. 예를 들어 1,000만 원 벌기와 5킬로그램 감량을 12

주 목표로 잡았다고 해 보자. 그러면 돈을 버는 목표와 체중을 감량하는 목표 각각에 대해 서로 다른 전술을 짜야 한다. 여기서 전술이란 목표 달성을 위해 매일 해야 할 일을 뜻한다. 전술은 구체적이고 실행 가능해야 하며 기한과 책무가 정해져야 한다. 효과적으로 전술을 펼치는 방법은 2부에서 더 자세히 다루도록 하겠다.

12주 계획은 전술을 제때제때 완수하면 저절로 목표를 달성할 수 있게 구성된다. 중요한 건 12주 계획이 반드시 장기적 비전과 같은 방향을 향해야 한다는 점이다. 그렇지 않으면 12주짜리 계획에서도 집중력을 끝까지 유지할 수 없다.

12주 계획은 우리가 당장 중요한 목표에 집중할 수 있도록 해 주는 유용한 방법론이다. 다시 강조하지만 12주 계획은 연간 계획의 일부가 아니다. 케케묵은 1년 단위 사고방식은 버릴 때가 되었다.

목표를 이루기에 12주는 제법 여유로운 기간이지만, 한편으로는 긴박감이 조성될 정도로 빠듯한 기간이기도 하다. 이렇듯 12주 계획은 아주 적절한 기간 동안 단계별 로드맵을 제공한다. 덕분에 우리는 집중력을 꾸준히 유지하고 해야 할 일을 적시에 해내며 최고의 성과를 거두게 된다.

4장

일주일씩 실행하기

장기적인 성과는 우리의 일상적인 행동이 쌓여 만들어진다. 존스 홉킨스 의과대학 설립자인 윌리엄 오슬러 경 Sir William Osler은 자신의 성공 비결로 '하루하루 꽉 채워' 사는 것을 꼽았다. 계획은 미래를 향한 것이지만 행동은 오늘 당장 해야 하는 것임을 일찍이 깨달은 셈이다. 진정으로 무언가를 이루고 싶다면 일상 속 활동이 장기적 비전, 전략, 전술과 잘 맞물려야 한다.

결과를 바꾸는 것보다는 행동을 다스리는 게 더 쉽다. 그리고 결국에는 행동이 결과를 낳기 때문에 단순히 수치만 제시하는 목표는 의미가 없다. 더 나아가 목표를 달성하려면 어떤 행동을 해야 하는지 구체적으로 파악해야 한다.

미래를 내다볼 수 있는 최고의 방법은
일상 속 행동을 살펴보는 것이다.

아무리 간절하고 열렬히 바라더라도 우리를 둘러싼 세상은 결코 응답하지 않는다. 세상이 움직이는 건 오로지 우리가 행동할 때뿐이다. 이미 이야기했듯 비전은 우리가 나아가야 할 전체적인 방향은 물론이고 최종 단계를 결정한다. 그런데 비전이 중요한 이유가 또 있다. 비전은 행동의 계기가 되어 준다. 행동이 따르지 않는 비전은 몽상에 지나지 않는다. 꾸준히 행동해야만 꿈을 현실로 만들 수 있다.

하지만 대부분의 계획은 행동으로 이어지지 못한 채 무너진다. 모두가 삶을 이루는 요소 하나하나를 발전시키고 싶어 한다. 이를테면 돈을 더 많이 벌고 싶을 수도, 이직을 하고 싶을 수도, 잘 맞는 짝을 만나고 싶을 수도 있다. 또는 체중 감량하기, 인간관계 개선하기, 골프 실력 키우기, 더 나은 부모 되기, 나아가 더 나은 사람 되기를 목표로 삼을 수도 있겠다. 어떤 경우든 그저 바라기만 해서는 안 된다.

더 나아지겠다는 의지만으로는 아무것도 할 수가 없다. 그 의지에 따라 실제로 '행동'해야 한다. 행동도 한두 번으로는 부족하며 꾸준히 해야 의미가 있다. 고대 로마의 철학자 루크레티우스Lucretius도 "끊임없이 떨어지는 물방울이 바위에 구멍을 낸다"라고 말하지 않았는가. 목표 달성에 필요한 작업을 꾸준히 실행하는 것이야말로 인생에서 원하는 바를 얻는 방법이다.

계속 강조했듯이 지금 어떤 행동을 하느냐가 미래를 결정한다. 그러니 미래가 궁금하다면 지금 어떻게 살고 있는지 살펴보라. 이 것보다 정확한 방법은 없다. 예컨대 미래의 건강 상태를 예측하고 싶으면 현재 식습관과 운동 습관을 보면 된다. 결혼 생활이 앞으로 어떻게 될지 궁금하다면 지금 배우자와 얼마나 잘 지내고 있는지 확인하라. 훗날 어떤 직업을 가지고 얼마나 많은 돈을 벌지 알고 싶 다면 지금 일을 얼마나 잘하고 있는지부터 살펴봐야 한다. 현재의 행동이 미래의 모든 걸 알려 주는 셈이다.

주간 계획 세우기

"1온스의 행동은 1톤의 이론만큼 값지다."

—랄프 왈도 에머슨 Ralph Waldo Emerson

주간 계획은 12주 계획을 일일 및 주간 단위로 실행할 수 있도록 도와주는 아주 유용한 도구다. 한 주를 정돈하고 무슨 일에 집중할 지 파악하고 결정해 주는 것으로, 말하자면 한 주 동안의 작전과도 같다. 주간 계획을 잘 세우면 매일 핵심적인 활동에 전념할 수 있으 며, 나아가 이런 활동을 체계적으로 해냄으로써 아주 중요한 장단

"

현재의 행동이
미래의 모든 걸
알려 주는 셈이다.

"

기 과제에도 끝까지 집중할 수 있다. 온갖 소음과 방해 요소에 휘둘리지 않고 매 순간 집중력과 생산성을 유지하게 되는 것이다.

그렇다고 해서 주간 계획을 '잘 만든 할 일 목록' 정도로 여겨서는 안 된다. 주간 계획에는 목표를 달성하기 위해 이번 주에 반드시 수행해야 하는 전략적 활동이 담기기 때문이다.

일단 12주 계획부터 잘 세워야 주간 계획 역시 효과적으로 세울 수 있다. 12주 계획을 세울 때에는 12주 목표를 이루기 위해 필요한 모든 전술을 구상하며, 각 전술을 몇째 주에 완수해야 하는지 또한 지정하게 된다. 그럼 전술마다 완수하기로 지정된 주의 일일 활동이 정해질 테고 이게 결국 주간 계획이 되는 것이다. 이렇듯 주간 계획은 12주 계획에서 파생된 것으로, 근본적으로 12주 계획을 열두 조각으로 나눈 결과라고 볼 수 있다.

주간 계획을 보다 효과적으로 활용하려면 매주 첫 15분에서 20분 동안 지난주의 진행 상황을 검토하고 새로운 한 주를 계획해야 한다. 그리고 매일 첫 5분은 주간 계획을 점검하여 오늘 어떤 일을 해야 할지 결정한다.

12주 프로그램에서는 매주가 소중하다 보니 자연스럽게 고도의 집중력을 유지하게 된다. 기존의 1년이 12주가 되고, 1개월이 1주일이 되고, 1주일이 하루가 되었으니 그럴 수밖에 없다. 당연히 하루하루의 중요성과 위력 또한 훨씬 크게 느껴진다. 이럴 때 주간 계획을 길잡이 삼으면 꼭 필요한 일에 집중할 수 있으며, 이것저것 애매하게 처리하는 게 아니라 중요한 몇 가지 과업을 훌륭하게 해낼 수 있다. 노력의 결실을 최대한으로 얻고 싶다면 주간 계획을 반드시 도입해야 할 것이다.

기본적으로 주간 계획에는 전략과 과업이 들어가야 한다. 그리고 각 과업에는 우선순위와 기한이 지정된다. 어떤 과업은 보다 장기적일 수 있고 어떤 과업은 빠르게 처리해야 할 수도 있다. 이러한 주간 계획의 요소 하나하나 덕분에 각 주마다 반드시 완수해야 할 일을 잊지 않을 수 있으며 결국 12주 목표 달성에 점점 더 가까워지게 된다. 마침내 12주 목표를 달성한다면 장기적 비전에 더 가까워질 것이다. 결국 주간 계획부터 12주 목표 그리고 장기적 비전까지 모든 게 끈끈하게 이어진 셈이다.

주간 계획을 제대로 활용하려면 집에서든 일터에서든 매일매일 곁에 두고 확인하는 습관을 들여야 한다. 매일 주간 계획으로 하루를 시작하고 이후에도 틈틈이 몇 번이고 주간 계획을 체크하라. 오늘 완수하기로 계획한 일이 있다면 반드시 모두 마친 후에 집에 돌아가기 바란다. 이렇게 해야만 정말 중요한 과업들을 밀리지 않고 매주 처리할 수 있다.

주간 계획은 그 어떤 방법보다 우리의 실행력을 높인다. 매일 매주 무언가 매끄럽게 실행하면서 결국에는 비전에 다다르는 것이다.

5장

진실 마주하기

스포츠가 어떻게 그리도 흥분을 일으키는지 생각해 본 적 있는가? 단지 선수뿐만 아니라 관중까지도 말이다. 스포츠에서 우리가 흥분하는 주된 이유는 점수를 확인할 수 있기 때문이다. 반면 내가 일하는 모습을 구경한다고 팬을 자처하는 이들이 직장에 찾아온다고 상상해 보라. 이게 무슨 소리인가 싶을 것이다.

점수 매기기는 경쟁의 핵심 요소다. 우리는 성공과 실패를 판단하고 개선이 필요한 영역을 파악하기 위해 점수를 매기고 지표를 측정하며 통계를 내기도 한다. 스포츠 경기에서는 선수, 감독, 팬 누구든 기록을 보면 팀이 얼마나 잘하고 있는지 정확히 알 수 있다. 비즈니스 영역에서도 더 나은 성과를 내고 결국 성공에 이르기 위해 여러 점수를 바탕으로 의사 결정을 하기 마련이다. 바꿔 말하면, 이런 숫자 정보로 우리는 얼마나 일을 효과적으로 하고 있는지 파악할 수 있다. 그러나 막상 일하면서 점수를 잘 매기고 기록하는 경우는 잘 없다. 애초에 성과를 객관적으로 측정하지 못해서 확실하게 평가를 내리지 못하는 경우가 더 많다. 하지만 스포츠와 마찬가지로 점수를 기록하면 비즈니스를 훨씬 원활하게 추진할 수 있다.

산업 심리학자 프레드릭 헤르츠버그 Frederick Herzberg 는 광범위한 연구 끝에 조직에서 무엇이 구성원들에게 동기를 부여하는지 제시한 바 있다. 그가 주장하기로 동기부여에 가장 중요한 두 가지는 성취와 인정이다. 그런데 우리가 보기에 얼마나 성과를 내고 있는지 파악할 유일한 방법은 점수를 기록하는 것이다. 점수를 매겨 평가하면 구성원의 자존감에 상처를 입힌다고 흔히들 오해하지만 연구 결과는 오히려 정반대였다. 업무가 얼마나 진척되었고 어떤 성과가 있었는지 상세하게 기록할수록 구성원의 자존감과 자신감이 향상되었다.

현실을 직시하는 점수 평가

점수를 기록하면 현실을 직시할 수 있다. 자연스럽게 성과에 대한 피드백도 되고 일을 얼마나 잘하고 있는지도 확인할 수 있기 때문이다. 중요한 건 평가하고 점수를 기록하는 과정에서 감정을 배제하고 성과를 있는 그대로 보여 줘야 한다는 것이다. 즉, 점수 데이터는 구성원이 얼마나 노력했고 얼마나 적극적이었는지와는 전혀 무관하다. 그저 결과 자체에 중점을 둘 뿐이다.

결과가 부진할 때면 누구나 그럴 만한 사정이 있었다며 합리화하곤 한다. 그러나 객관적으로 점수를 매겨 보면 현 상황을 있는 그대로 바라볼 수밖에 없다. 심지어 불편한 현실이라도 마주해야만 한다. 분명 어려운 일인 건 맞지만, 현실을 더 빨리 인정할수록 부족한 점을 신속히 개선하여 좋은 결과를 낼 수 있다. 실제로 숫자를 확인해야 마음을 가다듬고 어떤 상황에든 즉각적으로 대응할 수 있기도 하다. 궁극적으로 성공에 이를 가능성 역시 높아진다.

"신이야 그냥 믿을 수 있지만 그 외에는 누구라도 데이터를 들고 오라."

—W. 에드워즈 데밍 W. Edwards Deming

점수 평가는 실행 과정을 더 원활하게 만들어 준다. 우리는 숫자가 있기에 현실에 발을 딛고 설 수 있다. 대기업의 CEO가 숫자를 볼줄 모른다고 하면 납득할 수 있겠는가? 우리처럼 평범한 사람도 마찬가지다. 자신의 인생과 비즈니스의 CEO로서 두 가지 모두 잘 경영하려면 숫자를 몰라서는 안 된다. 숫자로 평가받으며 피드백을 수용해야만 현명한 결정을 내릴 수 있을 것이다.

효과적인 평가는 선행 지표와 후행 지표를 모두 담기 마련이다. 두 종류의 지표가 종합적인 피드백을 제공해 주기 때문에 정보에 근거하여 의사 결정을 내릴 수 있다. 여기서 후행 지표란 소득, 매출,

수수료, 체중 감량, 체지방률, 총콜레스테롤 수치 등 노력하여 얻고자 하는 최종 결과를 뜻한다. 한편 선행 지표는 최종 결과를 만드는 활동이다. 예를 들어 영업 분야에서는 영업 전화를 몇 통 돌렸는지, 소개로 얼마나 많은 고객을 새로 알게 되었는지 등이 선행 지표다. 개인이든 조직이든 대체로 후행 지표는 열심히 측정하지만 선행 지표는 등한시하는 편이다. 그러나 선행 지표와 후행 지표가 상호보완적으로 잘 측정되어야 평가를 확실히 내릴 수 있다.

우리에게 가장 중요한 선행 지표는 '얼마나 잘 실행했는지'다. 4장에서도 말했듯 결과를 바꾸는 것보다 행동을 다스리기가 더 쉬우며 행동이 결과를 낳는다. 얼마나 잘 실행했는지를 측정하면 목표 달성에 필수적인 일을 얼마나 똑바로 했는지 알 수 있다.

이쯤에서 그간 한 일을 돌이켜 보자. 일단 현재보다 원대한 미래를 그리며 확고한 비전을 세웠다. 그다음으로는 비전에 들어맞는 12주 목표를 설정했으며, 목표 하나하나마다 달성에 필요한 행동과 전술이 무엇일지도 구상했다. 이때 가장 직접적으로 관리할 수 있는 요소는 전술의 실행 여부다. 결국 전술을 어느 정도로 수행했는지 파악하는 것이 곧 실행을 평가하는 것과 같다. 12주 목표는 장기적 비전을 고려하여 설정되기 때문에 실행을 평가하면 비전을 향해 얼마나 가까워졌는지도 알 수 있다.

실행 평가가 중요한 이유는 평가 결과를 보고 병목 현상이 생기는 곳을 정확히 찾아내 신속하게 대응할 수 있기 때문이다. 행동이 결과를 낳는다고 하지만, 결과는 실행하고 난 뒤 보통 몇 주에서 몇

"

얼마나 잘 실행했는지를 측정하면
목표 달성에 필수적인 일을
얼마나 똑바로 했는지 알 수 있다.

"

개월은 지나야 확인이 가능하다. 심지어 경우에 따라 몇 년이 걸릴 수도 있다. 하지만 실행 그 자체를 평가하면 보다 즉각적으로 피드백을 받을 수 있어 거의 실시간으로 개선이 가능하다. 실행을 평가해야 하는 이유는 또 있다. 목표 달성에 실패하면 계획에 문제가 있었는지 실행에 문제가 있었는지 반드시 파악해야 하기 때문이다. 실행에 문제가 없었다면 계획부터 잘못되어 전략과 전술이 효과적이지 못했다는 뜻이고, 실행이 미흡했다면 전술을 올바로 실행하지 못했다는 뜻이다. 실패의 원인이 둘 중 어느 쪽인지에 따라 대응법 역시 크게 달라지므로 실행이 잘 이루어졌는지 확인해야 한다.

목표 달성 실패의 60% 이상은 실행의 문제로 일어나지만, 사람들은 대개 계획에 문제가 있었다 여기고 계획 자체를 뜯어고치려 든다. 계획을 잘 따르지도 않았으면서 계획이 잘못되었는지를 어떻게 안다는 말인가? 실행을 평가할 수만 있다면 왜 목표를 달성하지 못했는지 원인을 정확히 파악하고 그에 맞게 대처할 수 있다.

실행이 만족스러울 경우에는 굳이 계획을 조정하지 않아도 좋다. 중요한 건 무언가 실행할 때마다 그때그때 피드백을 받아야 한다는 것이다. 예를 들어 새로운 서비스를 내놓았는데 막상 시장의 반응이 기대 이하라면 계획을 어느 정도 수정해 볼 수 있다. 물론 계획을 수정하려면 반드시 먼저 실행부터 해야 한다. 실제로 실행에 옮기기도 전에 계획만 고치려는 사람들이 너무나도 많다. 계획한 전술을 훌륭하게 실천하고도 원하는 결과가 나오지 않았을 때만 계획을 수정하라.

그 외의 경우에는 웬만해서 계획을 건드려서는 안 된다. 아무리 어마어마한 계획을 세운다 한들 정말로 실행에 옮기기 전에는 그 계획의 진가를 결코 알 수 없다.

다만 만족스러운 수준으로 실행을 했는데 결과가 영 좋지 않다면 원점으로 돌아가 계획을 조정하는 게 좋다. 물리학에 작용 반작용 법칙이 있듯 모든 행동에는 반응이 따른다. 긍정적으로 보자면 실행에 옮길 때마다 무엇이 되었든 결과가 따라온다는 것이다. 기대했던 결과가 안 나올 때도 있겠지만 어쨌든 '무언가' 벌어졌다는 것 자체가 중요하다. 이를테면 일단 무엇이든 출시하면 시장의 반응을 살필 수 있다. 시장의 반응을 모른 채로 계획을 더 나은 방향으로 조정하기란 불가능하다. 어떤 전술을 따랐을 때 어떤 반응이 나오는지 잘 파악하여 단순한 추측이 아니라 명확한 근거에 기반해 계획을 수정해야 한다.

"진실은 안전하게 딛고 설 수 있는 유일한 토대다."

—엘리자베스 케이디 스탠턴 Elizabeth Cady Stanton

실행 여부를 평가하는 주간 점수표

실행을 평가하는 가장 좋은 방법은 주간 계획(12주 계획 기준)을 실천한 뒤 전체 전술 대비 완료된 전술의 백분율을 계산하는 것이다. 이를 위해 우리는 주간 점수표를 고안하여 12주 프로그램에 도입했다. 지금까지 12주 프로그램의 절차를 잘 따라왔다면, 최종 목표를 달성하기 위해 매주 완수해야 하는 주요 과업들이 곧 주간 계획임을 알고 있을 것이다.

주간 점수표를 활용하면 주간 계획을 얼마나 잘 이행했는지 객관적으로 평가할 수 있다. 주간 점수표는 결과가 아니라 실행을 평가한다는 점을 명심하라. 매주 계획된 전술 중 온전히 실행한 전술의 백분율을 계산해 스스로 주간 점수를 매기면 된다.

다만 주간 점수표에서 완벽을 추구할 필요는 없다. 적당히 뛰어난 수준이면 족하다. 우리의 경험에 따르면 매주 계획된 활동 중 85% 정도만 잘 실행해도 대개 최종 목표를 달성할 수 있다. 애시당초 주간 계획은 우선순위에 따라 제일 중요하고 파급력이 큰 활동으로 구성된다. 그중에 85%면 충분히 훌륭하다는 뜻이다.

여기서 당부하고 싶은 건 점수를 매기고 스스로를 평가하는 건 누구에게나 어렵다는 것이다. 어떤 주에는 계획된 전술에 소홀하여 점수가 낮게 나오기도 할 텐데, 많은 사람이 이 시점에 12주 프로그램을 포기하고 만다. 자신의 행동과 그에 따른 결과를 마주하기에는 용기가 부족하기 때문이다. 심지어 점수를 계산하지도 않은 채 그 순간 중요해 보이는 다른 일에 정신이 팔릴 때도 많다.

하지만 12주 프로그램에는 도망칠 곳이 없다. 주간 점수표만 봐도 어떤 일은 잘 실행했고 어떤 일은 그렇지 못했는지 바로 파악할 수 있다. 누구나 가끔은 실행에 어려움을 겪는다. 특히 12주 프로그램을 진행 중이라면 부족한 실행력이 숨김없이 드러날 것이다. 부족함을 직면하는 건 괴롭지만 앞으로 자신의 능력을 최대치로 발휘하기 위해서는 꼭 필요한 과정이기도 하다. 우리는 이런 괴로움을 '생산적 긴장'이라고 부른다.

생산적 긴장이란 해야 하는 일인 걸 알면서도 그 일을 하지 않을 때 느끼는 불편한 감정이다. 그런데 인간은 불편함을 느낄 때 어떻게든 그 불편함을 해소하려는 본능이 있다. 그럼 주간 점수의 불편함은 어떻게 해소해야 할까? 크게 두 가지 방법이 있다. 더 쉬운 쪽은 주간 점수표를 작성하지 않고 실행하지 못한 전술을 못 본 척하는 것이다. 이 방법을 택하는 사람들은 대체로 주간 점수표를 나중에 작성하겠다며 수동적으로 저항한다. 물론 그중 대다수는 영영 주간 점수표를 작성하지 않는다.

다른 방법은 생산적 긴장을 변화의 촉매로 활용하는 것이다. 뛰어난 성과를 내는 사람들은 불편함을 회피하지 않으며 오히려 긴장감을 원동력 삼아 앞으로 더 나아간다. 선택지에서 중도 포기를 제외하고 나면 결국 생산적 긴장이 주는 괴로움은 전술을 실행할 수 있는 에너지가 된다. 이렇게라도 전술을 하나하나 실행한다면 목표 달성에도 더 가까워질 것이다.

주간 실행 점수가 65~70%에 불과하더라도 포기하지만 않으면 얼마든지 좋은 결과를 얻을 수 있다. 가진 능력에 비하면 아쉬울지도 모르지만 어쨌든 나쁘지 않은 결과일 것이다. 12주 프로그램의 목적은 완벽해지는 게 아니라 점점 더 나아지는 것임을 명심하자.

평가는 실행의 원동력이다. 해야 할 일을 잘 실천하여 최고의 성과를 내려면 점수를 잘 매길 줄 알아야 한다. 일단 선행 지표와 후행 지표를 종합적으로 포괄하는 핵심 평가 기준을 신중하게 정해 보라. 기준을 정했다면 실행을 얼마나 잘했는지 반드시 평가해야 한다. 진실을 마주할 용기가 필요할 때다!

6장

계획적으로
시간 활용하기

인생에서 얻고자 하는 게 있다면 시간 투자가 필요하다. 따라서 지금보다 더 나은 결과를 얻기 위해서는 시간은 유한하며 낭비하기 쉽다는 사실부터 받아들여야 한다.

이토록 기술 혁신이 빠르게 이루어지는 시대에도 여전히 우리의 성취를 가로막는 가장 큰 장벽은 바로 시간이다. 실제로 고객들에게 무엇이 성과를 내는 데 방해가 되냐고 물으면 대부분 시간 부족을 꼽는다.

하지만 시간은 우리가 가장 많이 낭비하고 있는 자원이기도 하다. 몇 년 전 샐러리닷컴 Salary.com에서 수행한 조사에 따르면 '평범한' 사람도 일과 시간 동안 거의 2시간을 허비한다!

일의 우선순위 정하기

뚜렷한 목적의식을 가지고 시간을 활용하지 않으면 사실상 결과는 운에 따라 결정되고 말 것이다. 우리가 다스릴 수 있는 건 결과가 아니라 행동인 건 맞다. 하지만 우리가 선택한 행동이 모여 결과가 된다는 점을 명심해야 한다. 하루하루 어떤 행동을 하느냐가 궁극적으로 한 사람의 운명을 바꿀 수 있는 셈이다.

시간이 그토록 중요한데도 대다수 사람은 하루를 자기 멋대로 흘려보낸다. 아무리 일이 쏟아져도 하나하나 중요도를 신중히 판단하여 대처해야 하는데, 별생각 없이 일이 닥치는 대로 처리하기 급급한 것이다. 이렇게 시간에 휘둘리며 일을 해서는 결코 자신의 능력을 100% 발휘할 수 없다.

능력을 제대로 발휘하고 싶다면 계획적으로 시간을 보내는 방법을 배워야 한다. 사실 인간의 본성은 사전에 계획대로 일을 하기보다는 일단 무언가 벌어지면 그에 반응하는 쪽에 가깝다. 그런데 계획적으로 시간을 보내려면 목표와 비전에 맞게 여러 할 일 사이에 우선순위를 정하고 그 우선순위에 따라 일을 해 나가야 한다. 본성을 정면으로 거슬러야 하는 것이다.

시간을 계획적으로 활용할 줄 알게 되면 지금 내가 무엇을 해야 하고 무엇은 하지 않아도 되는지 알 수 있다. 예를 들어 목표 달성에 굉장히 중요하지만 내키지 않은 일이 있을 때면 누구나 꾸물거리거나 괜히 사소한 일에 더 매달리기 마련이다. 하지만 시간을 계획적으로 쓴다면 낭비하는 시간 없이 중요한 일에 더 많은 시간을 할애하고 집중할 수 있다. 물론 그러기 위해서는 우선 일일 계획과 주간 계획을 잘 세워야 하며, 시간을 낭비하지 않겠다고 굳게 마음먹어야 한다. 역시 가장 좋은 방법은 12주 계획을 바탕으로 하루와 한 주를 계획하는 것이다. 그렇게 하면 더 이상 시간에 휘둘리는 게 아니라 내가 시간을 마음껏 다룰 수 있게 된다. 계획적인 시간 활용이야말로 평범함에서 벗어날 수 있는 비장의 무기다.

"그저 바쁘게만 사는 건 개미도 할 줄 안다. 중요한 건 무엇 때문에 바쁘게 사는지다."

―헨리 데이비드 소로 Henry David Thoreau

시간 블록 만들기

벤저민 프랭클린 Benjamin Franklin은 이렇게 말했다. "분초를 소중히 다루면 몇 년의 시간도 저절로 빛날 것이다." 이렇게 훌륭한 명언이 또 있을까. 그러나 이 명언을 적용하기에 우리의 삶은 너무나 바쁘다. 예상치 못한 일들이 끊임없이 벌어지면서 소중한 시간이 낭비되는 것이다.

예상치 못한 일들이 애초에 발생하지 않도록 애써 봐도 대개는 별 소용이 없다. 차라리 그런 일이 벌어지도록 두고 그때그때 대처하는 편이 더 나을지도 모른다. 시간을 성공적으로 활용하려면, 즉 '계획적으로' 활용하려면 계획 밖의 방해 요소를 억지로 없애려고 하지 말라. 진짜 해결책은 전략적으로 중요한 일에 시간을 미리 배정하는 것이다. 우리는 이 시간을 '퍼포먼스 시간'이라 부른다. 퍼포먼스 시간은 시간을 할당하는 가장 효과적인 방법으로, 간단한 시간 블록을 이용해 하루를 주도적이고 알차게 보낼 수 있게 된다.

퍼포먼스 시간에는 크게 세 가지 시간 블록이 있다. 바로 전략 블록, 버퍼 블록, 브레이크아웃 블록이다.

1. 전략 블록 : 매주 3시간 정도 할당되는 블록으로, 방해받지 않는 자신만의 시간을 뜻한다. 이를테면 전략 블록 시간에는 전화, 팩스, 이메일, 손님을 비롯해 '모든 것'이 차단된다. 그 대신 미리 계획해 둔 활동, 즉 전략적으로 중요하고 이익을 낼 수 있는 활동에 에너지를 쏟아부어야 한다.

전략 블록은 지적 능력과 창의력을 집중하여 발휘할 수 있는 시간이기에 이때 획기적인 결과물이 탄생하기 마련이다. 아마 이 시간 동안 처리한 일의 양과 질이 너무 뛰어나서 스스로도 놀랄 것이다. 대다수 사람들에게 전략 블록은 일주일에 한 번이면 충분하다.

2. 버퍼 블록 : 버퍼 블록은 계획되지 않았거나 그리 중요하지 않은 일상적인 일을 처리하기 위한 시간이다. 예를 들어 이메일이나 음성 메시지 확인은 버퍼 블록을 활용하면 된다. 하루를 보내다 보

"

진짜 해결책은
전략적으로 중요한 일에
시간을 미리 배정하는 것이다.

"

면 자잘하고 성가신 일이 끊임없이 생기기 마련이다. 이런 일에 자꾸 시간을 빼앗기는 것만큼 비생산적이고 답답한 경우가 또 있을까. 심지어 계획에 없던 일에 쫓겨 정작 중요한 일에 신경을 쓰지 못할 때도 있다.

어떤 사람은 하루에 30분짜리 버퍼 블록 하나로 충분할 테지만, 또 어떤 사람은 1시간짜리 블록 두 개가 필요할지도 모른다. 어쨌든 버퍼 블록을 확보해 두면 중요도가 높지 않은 일들을 한데 묶어 효율적으로 처리할 수 있다. 덕분에 나머지 시간에는 중요하고 핵심적인 일에 더욱 집중할 수 있게 된다.

3. 브레이크아웃 블록 : 쉬는 시간이 충분하지 않으면 성과가 정체되기 쉽다. 특히 사업가나 전문직 종사자는 격무에 시달리는 경우가 많은데, 그러다 보면 언젠가는 열정과 에너지가 소진되고 만다. 좋은 성과를 내기 위해서는 더 오래 일할 것이 아니라 오히려 틈틈이 일에서 벗어나 휴식을 취해야 한다. 공부만 하고 놀지 않으면 바보가 된다는 말이 괜히 있는 게 아니다. 쉬지 않고 일만 하면 창의성을 발휘할 수 없다.

브레이크아웃 블록의 효과를 보려면 적어도 3시간은 할당해야 한다. 그 시간 동안 일은 쳐다보지도 말자. 일과 시간의 일부를 브레이크아웃 블록으로 만들면 머리를 식히고 활기를 되찾을 수 있다. 휴식을 마치고 다시 책상 앞에 앉았을 때 집중력과 에너지가 회복된 것을 느낄 것이다.

시간을 다스리지 못하면 결과는 당신의 손을 떠난다.

물론 퍼포먼스 시간이 세 가지 블록으로만 구성되는 건 아니다. 그 외에 다양하게 시간 블록을 만들어 활용할수록 실행력을 높일 수 있다. 시간 블록을 잘 활용하기 위한 방법으로 모범 주간을 작성해 보기를 권한다.

모범 주간을 작성한다는 건, 한 주 동안 처리해야 할 중요한 일을 모두 종이에 적은 뒤 생산성을 최대화하는 방향으로 정리하는 것을 뜻한다. 이렇게 종이에 적어 정리하는 과정조차 하지 못하면 현실에서 그 모든 일을 다 해낼 도리가 없다. 일단 종이 위에서 시간 활용을 계획하고 시뮬레이션해 보면, 실제로 무슨 일에 얼마나 시간을 써야 할지 매우 신중하게 결정할 수 있을 것이다.

모범 주간을 작성할 때마다 일상적인 작업들은 되도록 같은 요일의 같은 시간으로 계획하는 편이 좋다. 하루 중에 가장 몰입할 수 있는 시간이 언제인지 떠올려 보라. 그 시간대는 소위 아침형 인간인지 저녁형 인간인지에 따라 달라질 수 있다. 어쨌든 가장 몰입할 수 있는 시간에 가장 중요한 일을 처리할 수 있도록 계획을 짜야 한다. 모범 주간 작성법에 대해서는 16장에서 더 자세히 안내할 예정이다.

실제로 우리의 수많은 고객이 퍼포먼스 시간을 활용해 즉각적으로 성과를 개선했다. 매주 몇 시간을 뜻대로 활용하기만 해도 성과가 크게 좋아지는 것이다. 이제부터 시간을 계획적으로 활용해 보

자. 더 유능해질 뿐만 아니라 시간에 쫓기지 않아 스트레스는 줄고 자신감은 향상될 것이다.

7장

생각과 행동의 주인 되기

사람들이 살면서 가장 많이 오해하는 개념은 아마 '책임'일 것이다. 대개 책임이라고 하면 나쁜 행동, 저조한 실적, 기대보다 못한 결과에 따르는 것이라 여긴다. 예를 들어 스포츠 선수가 리그 규정을 위반하면 커미셔너가 공개적으로 그 선수에게 책임을 묻고 벌금이나 출전 정지 처분을 내린다. 대다수 사람이 책임을 지기 싫어하는 것도 어찌 보면 당연하다.

특히 비즈니스 상황에서 다른 사람에게 책임을 '묻겠다'는 표현이 자주 사용된다. 경영진이 모이면 "책임을 묻는 일도 지금보다 더 잘해야 해"와 같은 말이 오고 간다. 일에 진심인 사람이 "나한테 책임을 물어도 좋으니 일단 맡겨 주면 좋겠어"라고 말하는 걸 들은 적도 있다. 이러한 발언을 보면 책임이라는 건 누군가에게 물을 수 있고 또 물어야 하는 것이라는 잘못된 인식을 확인할 수 있다. 하지만 지금까지 언급한 책임은 엄밀히는 책임이라고 할 수 없다. 이건 책임이 아니라 결과다. 애초에 다른 사람에게 책임을 묻는 것 자체가 불가능하다. 나는 길을 묻거나 정답을 물을 수는 있어도 다른 사람에게 책임을 물을 수는 없다고 농담 삼아 말하곤 한다.

우리는 결과가 아니라 '주인의식'으로서의 책임을 이야기하려고 한다. 즉, 한 사람의 자질이며 삶의 태도이자 '상황에 개의치 않고' 자신의 행동과 그에 따른 결과를 안고 가겠다는 의지다. 피터 쾨스텐바움 Peter Koestenbaum과 피터 블록 Peter Block은 그들의 저서 『직장에서의 자유와 책임: 철학적 통찰을 현실에 적용하기 Freedom and Accountability at Work: Applying Philosophic Insight to the Real World』에서 책임에 대해 다음과 같이 설명한다.

> 사람들은 제한된 시각으로 책임을 바라본다. 일단 책임을 지는 건 아무도 좋아하지 않을 거라고 생각한다. 그리고 책임은 반드시 부과되어야만 하는 것이라 여긴다. 결과가 나왔을 때 누군가에게는 책임을 물어야 하며, 보상과 처벌 제도가 운영되는 것도 책임을 묻기 위해서라고 믿는다. 이런 믿음은 우리 문화에 너무나 만연해 있어 감히 의문을 제기할 수조차 없다. 하지만 안타깝게도 이런 믿음 때문에 우리는 그토록 바라던 것을 얻지 못한다.

책임의 본질을 파악하려면 우리 모두에게 선택의 자유가 있다는 것을 먼저 이해해야 한다. 이러한 선택의 자유가 책임의 근간이기 때문이다.

책임은 우리에게 언제나 선택의 자유가 있음을 깨닫는 데에서 출발한다. 바꿔 말하면 인생에 의무란 없다. 의무는 내키지 않아도 어쩔 수 없이 해야 하는 일을 뜻한다. 다시 강조하지만 반드시 해야 하는 일 같은 건 없다. 삶에서 우리가 하는 일은 모두 선택한 것이다. 심지어 이런저런 요구 사항이 쏟아져도 우리에게는 여전히 선택권이 존재한다.

그런데 무언가를 '선택'해서 하는 것과 어쩔 수 없이 하는 것은 엄청나게 다르다. 어쩔 수 없이 하는 일은 부담스럽고 귀찮은 일이라 아무리 잘해 봐야 최소한의 기준을 겨우 맞추는 게 고작이다. 하지만 선택권이 있다는 사실을 깨닫고 나면 이야기가 달라진다. 선택해서 하는 일에는 모든 자원과 노력을 쏟아부을 수 있다. 그리고 이런 태도를 가져야 능력을 온전히 발휘할 수 있다. 결국 어떤 행동을 해서 어떤 영향을 일으키고 어떤 결과를 만들지 모두 직접 선택하면 된다.

"더 이상 자유 행위를 할 수 없을 때, 마지막 남은 자유 행위는 우리가 자유롭다는 사실을 부정하는 것이다."

―피터 쾨스텐바움

바꾸고 싶거나 개선하고 싶은 게 있으면 모두들 자신이 아니라 외부로 눈을 돌린다. 예를 들어 경제가 살아나기를, 부동산 시장이 회복되기를, 회사가 가격이 합리적인 신제품을 출시하고 광고까지 훌륭하게 뽑아 주기를 바란다. 사실 외부 요인을 핑계로 대는 건 어렵지 않다. 외부 환경이 결과를 바꿀 수 있다고 진심으로 믿는 것이다. 이들은 주변 환경이 달랐더라면 자신의 인생도 달라졌을 거라며 헛된 상상을 하는 데 시간과 에너지를 소모한다.

하지만 환경은 우리가 바꿀 수 있는 것이 아니다. 마음대로 바꿀 수 있는 건 생각과 행동뿐이다. 나아가 생각과 행동의 주인이 될 수 있다면(아주 어려운 일이긴 하지만) 더할 나위 없겠다.

혹시라도 책임을 수동적인 개념이라고 여겨서는 안 된다. 오히려 그 반대다. 책임은 오직 능동적인 것이다. 진심으로 책임을 다하는 사람은 진실을 마주하고 선택의 자유를 인정하며 그에 따른 결과를 겸허히 받아들일 줄 안다. 현재 자신이 처한 상황을 똑바로 바라봐야 하는 것이다.

책임을 어떻게 바라보고 어느 정도로 수용하는지는 인간관계부터 실행력까지 다방면으로 영향을 미친다. 진정한 책임이란 선택임을, 특히 주인의식을 가지고 선택하는 것임을 이해하고 나면 모든 게 달라질 것이다. 환경에 불평하지 않고 자율적으로 선택하는 사람으로, 한계를 깨부수고 가능성을 지닌 사람으로, 더 이상 평범하지 않은 위대한 사람으로 거듭날 수 있다.

"

마음대로 바꿀 수 있는 건
생각과 행동뿐이다.

"

책임은 결과가 아니라 주인의식이다.

결국 진정으로 존재하는 책임은 스스로 정한 책임뿐이다. 당신에게 책임을 물을 수 있는 존재는 당신밖에 없다. 솔직함과 용기를 가지고 자신의 생각과 행동, 그에 따른 결과를 모두 받아들여 보자. 이렇게 주인의식을 발휘해야 성공에 이를 수 있다.

8장

관심 찾지 말고 헌신하기

12주 프로그램에서 헌신은 핵심적인 요소다. 하기로 약속한 일에 꾸준히 헌신한다면 결과를 개선하고 신뢰를 쌓을 수 있으며 유능한 팀을 양성하는 것도 가능하다. 하지만 사람들은 대부분 헌신하려고 하지 않는다. 심지어 상황이 어려워지면 아예 손을 떼는 경우도 부지기수다. 자신의 일에 진정으로 뛰어난 사람이 되고 싶다면 약속을 지키고 헌신할 줄 알아야 한다.

"약속은 말이 아니라 행동이다."

—장폴 사르트르 Jean-Paul Sartre

닭과 돼지가 함께 아침 식사를 차리는 옛이야기를 들어 본 적 있는가? 메뉴가 달걀과 베이컨이라면 닭은 비교적 어렵지 않게 달걀을 낳을 수 있지만 돼지는 제 살을 내놓아야 한다. 닭은 적당히 '관여'했을 뿐인 반면 돼지는 완전히 '헌신'한 셈이다. 우스운 이야기지만 자세히 들여다보면 헌신이 마치 부정적인 것인 양 묘사되어 있다. 그러나 헌신은 인간의 관계를 개선해 준다. 우리를 더 정직하게 만들며 자신감을 키워 주기도 한다. 결국 누군가의 헌신이 있으면 함께 일하는 모두가 수혜를 본다. 헌신의 힘은 아주 강력하며, 헌신이 인생을 송두리째 바꾸는 경우도 흔하다.

누구나 무언가 의미 있는 결과를 내 보겠다고, 그 과정에서 어떤 일을 마주하든 모두 해내겠다고 마음먹는 때가 있을 것이다. 내가 이렇게 강력한 결심을 했던 건 아버지와의 약속 때문이었다. 때는 대학교 1학년을 마친 여름이었다. 아버지의 정원에서 함께 이런저런 일을 하다 내가 대학에서 보낸 첫 해에 대해서 이야기를 나누게 되었다. 당시의 대화는 아직도 어제 일처럼 생생하게 기억난다. 대화를 나누고 얼마 안 되어 확실히 깨달은 건 우리 둘은 대학교의 목적을 두고 서로 다른 관점을 갖고 있다는 것이었다.

문제는 학사 경고를 받을 정도로 심각한 내 성적이었다. 아버지는 성적을 올리지 못하면 등록금 지원을 끊겠다는 말까지 했다. 절망적이었지만 정신을 차리고 그날 나 자신과 아버지에게 약속했다. 다음 학기에는 전 과목 A를 받겠다고 말이다. 아버지는 내 약속에 판돈을 더 얹으며 나를 자극했다. 정말로 전 과목 A를 받으면 아버지가 내게 500달러를 주고, 전 과목 A를 받는 데 실패하면 내가 아버지에게 500달러를 주기로 한 것이다.

그해 가을 학기에는 정말로 공부에만 집중했다. 수업에 성실히 나가 강의 내용을 필기했고, 교과서를 탐독하며 과제도 해냈다. 1학년 때와는 다르게 친구들과 노는 시간을 대폭 줄이기도 했다. 그 결과 모든 과목에서 A 학점을 받을 수 있었다. 아버지에게 받은 500달러는 다 쓴 지 오래지만 어쨌든 그 약속 하나가 내 인생을 바꾸었다. 이후로 나는 매 학기 우등생 명단 자리를 놓치지 않았다.

이 이야기는 헌신이란 무엇인지 보여 주는 좋은 사례다. 헌신은 자기 자신과의 약속이다. 다른 사람과의 약속을 지키면 신뢰를 증진시키고 서로의 사이를 단단하게 만들어 준다. 하지만 자기 자신과의 약속을 잘 지키면 더 나은 인격을 갖추고 자존감을 높일 수 있으며 결과적으로 성공에 이르게 된다.

아메리칸 헤리티지 사전에 따르면 헌신의 정의는 "어떤 행동을 열심히 하겠다고 감정적으로나 이성적으로 마음먹은 상태"다. 이런 관점에서 보면 헌신이란 원하는 결과를 만들기 위해 행동하겠다는 의식적 선택을 뜻한다.

계획을 효과적으로 실행하여 뛰어난 성과를 내려면 약속을 지키고 헌신하는 능력이 있어야 한다. 이 사실은 누구나 직감적으로 알지만 안타깝게도 어떤 일에 꾸준히 헌신할 줄 아는 사람은 많지 않다. 특히 상황이 안 좋게 돌아갈 때, 이 상태로는 헌신하지 못하겠다며 스스로를 정당화하고 다른 일로 눈을 돌리곤 한다. 원래 힘든 상황에서는 어딘가에 관심을 둘 여력이 없어진다. 하지만 관심과 헌신이 어떤 점에서 다른지 잘 이해해야 한다. 그저 관심만 있는 일은 오로지 여건이 될 때만 하기 마련이다. 반면 진심을 다해 헌신한 일에 대해서는 변명의 여지없이 그 결과를 받아들이게 된다.

우리가 헌신하는 일은 보통 평소라면 하지 않을 법한 일들이다. 일단 헌신하기로 했다면 '만약에'라는 질문은 사라지고 '어떻게'라는 질문만 남아야 한다. 헌신의 힘은 매우 강력하지만 누구나 헌신을 어떻게 해야 할지 어려워하는 순간을 겪는다.

성공적으로 헌신하고 싶다면 다음의 네 가지 비결을 살펴보라.

1. 간절히 바라기 : 무언가에 온전히 헌신하기 위해서는 명확하고 설득력 있는 이유가 필요하다. 헌신하는 대상이 간절히 바라는 것이 아니라면 난관에 부딪힐 때마다 동요하고 말 것이다. 그러나 헌신의 대상이 간절히 바라는 것이라면 결코 극복할 수 없을 듯한 장애물도 도전할 만한 과제로 보인다. 진정으로 바라고 의미 있는 것에 헌신해야만 어려운 시기에도 굴하지 않고 계속 앞으로 나아갈 수 있다.

2. 필요한 일 파악하기 : 간절히 이루고 싶은 게 생겼다면 이제는 그 목표를 달성하기 위해 반드시 해야 할 일이 무엇인지 파악할 차례다. 요즘에는 대다수 사람이 무언가에 직접 참여하기보다는 그저 구경하고 지켜보기만 하는 것 같다. 하지만 무엇이든 직접 겪어 보고 부딪혀 보는 게 중요하다.

"

일단 헌신하기로 했다면
'만약에'라는 질문은 사라지고
'어떻게'라는 질문만 남아야 한다.

"

어떤 목표를 달성하는 데 도움이 되는 일은 제법 많다. 물론 그중 결과에 결정적인 영향을 미칠 만큼 핵심적인 일은 단 몇 가지뿐이며 경우에 따라서는 한두 가지밖에 없을 수도 있다. 할 수 있는 수많은 활동 중에 이런 알짜를 잘 분간하여 거기에만 오롯이 집중해야 한다.

3. 비용 따져 보기 : 헌신에는 희생이 따른다. 어떤 노력을 하든 이익을 얻는 대신 비용도 내야 한다. 그런데 너무나 많은 사람이 비용은 고려하지도 않은 채 일단 헌신하겠다고 결심을 내린다. 시간, 돈, 리스크, 불확실성, 불안 등 목표를 달성하기 위해서는 헤쳐 나가야 하는 온갖 고난이 모두 비용에 해당한다. 만약 헌신의 가치를 미리 가늠할 수 있다면 목표를 향해 가는 과정에서 그만큼 고난을 감수할 건지도 신중하게 판단해 볼 수 있다. 이후 어떤 고난을 마주하든 이미 그 정도 비용은 예상했고 이를 감수할 만큼 목표가 가치 있다는 걸 알기에 어렵지 않게 극복할 수 있을 것이다.

4. 기분에 휘둘리지 않기 : 반드시 해야 할 일임에도 별로 내키지 않을 때가 있다. 누구나 비슷한 경험이 있을 것이다. 추운 겨울날 새벽 5시 반에 따뜻한 이불 속에서 나와 조깅을 해야 한다고 상상해 보라. 전혀 엄두가 나지 않는다. 그럴 때일수록 기분에 휘둘리지 않고 계획대로 헌신하는 법을 배워야 한다. 그저 내키지 않는다는 이유로 실천하지 않으면 추진력을 얻지 못해 갈팡질팡하기만 하다가

결국 포기하게 된다. 기분에 상관없이 해야 할 일을 잘 해내는 것이 성공의 핵심 비결이다.

　기한이 정해지면 대개 헌신하기는 더 힘들어진다. 1년짜리 약속도 하나 지키기 힘든데 무언가에 평생 헌신한다는 건 결코 쉬운 일이 아니다. 다행히 12주 프로그램에서 목표에 헌신해야 하는 기간은 1년도 아니고 평생도 아닌 단 12주에 불과하다. 당연하게도 12개월보다는 12주 동안 헌신하는 게 훨씬 할 만하다. 12주가 지나면 그동안 얼마나 잘 헌신했는지 평가한 뒤 다음 12주를 시작하면 된다.

　결국 어떻게 헌신하는지에 따라 인생이 결정된다. 헌신으로 우리는 건강한 결혼 생활을 유지하고 앞으로 변치 않을 관계를 만들 수 있다. 나아가 좋은 성과를 낼 수도 있으며 인격을 형성할 수도 있다. 무슨 일에든 헌신할 수 있다고 자신을 믿는 것만으로도 앞으로 삶을 살아가는 데 엄청나게 큰 힘이 될 것이다.

"헌신하지 않으면 무계획적인 약속과 희망만 남는다."

—피터 드러커Peter Drucker

9장

지금 바로 실행하기

기술이 발전하면서 세상이 점점 좁아진다고들 한다. 맞는 말이지만 개인적으로는 기술의 발전으로 세상이 계속 빨라지는 게 더 눈에 띈다. 우리의 삶 자체가 갈수록 바쁘고 급박해지는 것만 같다.

기술이 발전하는 게 나쁘다는 이야기가 아니다. 기술은 위대하다. 요즘 내가 쓰는 휴대폰은 과거에 무려 6,000달러를 내고 처음으로 산 노트북보다 연산 능력이나 실용성에서 훨씬 뛰어나다. 다만 기술이 발전하면서 우리가 마음 편히 쉴 수 있는 시간이 거의 없어졌다는 게 문제다. 예전에는 출근길에 슬슬 정신적으로 준비를 하고 퇴근길에 하루의 긴장을 풀곤 했지만, 이제는 많은 이가 출퇴근 시간에 손에서 휴대폰을 놓지 않는다. 자연스럽게 여유를 즐길 만한 시간이 점차 사라지고 있지만 우리에게는 여전히 머리를 식힐 시간이 필요하다.

이토록 세상이 바쁘게 돌아가다 보니 멀티태스킹 능력이 아주 높게 평가받고 있다. 하루를 최대한 알차게 보내려면 일정을 가득 잡아 두고 모든 일에 완전히 집중하며 끊임없이 움직여야 한다고 믿는 사람도 많다. 유용한 정보를 놓칠까 두려운 마음에 회의나 행사가 끝나면 후다닥 다음 일정 장소로 이동하고, 심지어 이동하는 중에도 짬을 내 여기저기 통화를 한다.

나 또한 무언가 빠뜨리는 게 없도록 회의 중에도 수시로 이메일과 메시지를 확인하는 편이다. 메시지를 주고받을 때에는 대화 두세 건 정도를 동시에 처리한다. 아마 대부분 자신은 이렇게 살지 않는다고 생각하겠으나 막상 돌이켜 보면 다들 비슷하게 하루를 보낸다는 사실을 깨달을 것이다.

이렇듯 사람들은 아무것도 놓치지 않으려 애쓰지만, 그러다 보면 자기도 모르게 모든 걸 놓치게 된다. 여러 작업이나 대화를 동시에 처리하려 할수록 오히려 집중력이 분산되어 실상 그 어떤 작업이나 대화에도 제대로 임할 수 없다. 뭐 하나 제대로 되질 않으니 스트레스를 받고 번아웃에 시달리며 이내 좌절에 빠져 주위와 단절되고 만다. 결국 멀티태스킹 방식으로는 중요한 프로젝트, 중요한 대화, 중요한 사람 그 어느 것에도 집중할 수 없으며, 결과적으로 특별하고 유능한 사람이 아니라 지극히 평범한 사람이 될 뿐이다.

요즘 너무나 많은 이가 미친듯이 빠르게 달리느라 정작 자신의 삶을 돌보지 못한다. 몸은 여기에 있어도 정신은 멀리 다른 곳에 가 있다. 하지만 몸과 마음이 같은 곳에 있을 때, 즉 지금 이 순간에 집중하고 몰입할 때 능력을 최대한으로 발휘할 수 있다. 이를 두고 운동선수들은 '존zone'에 들어간다고 표현한다. 현재에 몰입하면 생각이 명료해지고 집중력이 높아진다. 자연스럽게 의사 결정도 수월해지며 별반 애를 쓰지 않고도 업무를 처리할 수 있게 된다. 그러니 현재에 몰입하면 우아하고 여유롭게 삶을 살아갈 수 있다. 매 순간 오롯이 빠져들어 혼연일체가 될 수 있다면 인생이 더 즐거워질 것이다.

"미래의 가장 좋은 점은 한 번에 하루씩 온다는 것이다."

—에이브러햄 링컨 Abraham Lincoln

우리는 지나간 과거를 바꿀 수도 없고 미래에 잠깐 다녀올 수도 없다. 가진 거라고는 지금 이 순간뿐이다. 하지만 '지금'은 앞으로도 영원하다. 매 순간, 바로 지금 무엇을 하느냐에 따라 인생이 달라진다. 지금 이 순간에도 미래가 만들어지고 꿈이 이루어지고 있다.

당연히 위대한 성취 또한 지금 이 순간 만들어진다.

위대한 사람이 되는 방법

하계 올림픽과 동계 올림픽을 합치면 2년에 한 번씩은 전 세계 운동선수들이 최고 수준에서 경쟁하는 모습을 지켜볼 수 있다. 몇 년

66

매 순간, 바로 지금
무엇을 하느냐에 따라
인생이 달라진다.

99

전 올림픽을 보면서 갑자기 이런 생각이 떠올랐다. '챔피언이 위대해지는 순간은 언제일까?' 가장 간단하고 직관적인 대답은 아마 자기 분야에서 정점에 올랐을 때일 것이다. 이를테면 올림픽에서 금메달을 딸 때라고도 할 수 있겠다. 그런데 내 질문을 더 곱씹다 보니 다른 결론에 도달했다. 무언가 성과를 거두기 훨씬 전에, 이런 성과를 거두는 데 필요한 일이라면 꼭 해내겠다고 결심한 순간부터 우리는 이미 위대한 사람이 된다.

올림픽에 출전한 운동선수를 떠올려 보자. 운동선수가 위대해지는 순간은 세계 기록을 경신하거나 메달을 딸 때가 아니다. 엄밀히 말하면 이런 순간은 세상이 선수의 위대함을 알아주는 순간에 불과하며, 올림픽이라는 행사도 위대함의 증거일 뿐이다. 이 선수는 몇달 전, 아니 어쩌면 몇 년 전부터 이미 위대한 선수였다. 한 바퀴 더 달리고 헤엄치겠다고, 한 번 더 점프하겠다고 결심하고 실천했던 순간부터 말이다.

내 생각에 마이클 펠프스Michael Phelps도 마찬가지다. 그가 위대한 수영 선수가 된 순간은 23번째 금메달을 땄을 때나 처음으로 금메달을 목에 걸었을 때가 아니다. 이런 성과를 내는 데 필요한 모든 일을 기꺼이 하겠다고 마음먹은 순간 이미 위대한 선수가 된 것이다. 말하자면 체육관과 수영장에서 열심히 훈련에 매진하고, 식욕을 참아 가며 기록에 도움이 되는 음식을 먹고, 정신력까지 강화하겠다고 결심한 순간부터 말이다. 지금껏 차지한 금메달의 개수는 위대함을 드러내는 증거일 뿐이며, 이미 수년 전에도 펠프스는 위대한 선수였다.

결과는 위대함을 확인해 주는 증거이지 그 자체로 위대함을 뜻하지 않는다. 위대한 사람이 되기 위해 최선을 다하겠다고 다짐한 순간 우리는 벌써 위대한 사람이 되었다. 결과는 그 사실을 보여 줄 뿐이다.

물론 하루나 일주일을 다르게 보낸다고 평범한 사람이 위대한 사람이 되지는 않는다. 다만 하루나 일주일이 계속 쌓이면 엄청나게 큰 차이를 일으킨다. 영업 사원을 예로 들면, 일주일에 고객과 두세 번 더 만나고, 하루에 영업 전화를 열 통 정도는 더 돌리고, 정규 근무 시간인 주 45시간 중에 세 시간은 핵심 업무에 할애해야 뛰어난 영업 사원이 될 수 있다.

만약 위대한 리더라면 매일 구성원의 노고를 인정해 주고, 혼자서 모든 일을 맡기보다 적절하게 위임할 줄도 알고, 일주일에 세 시간은 전략적으로 중요한 일에 사용하고, 어려움에 빠진 구성원에게 칭찬과 격려의 말을 건넬 수 있어야 한다.

하루나 일주일 정도 이렇게 한다고 해서 크게 달라지는 건 없다. 하지만 이런 노력을 장기적으로 꾸준히 이어 간다면 평범한 사람도 누구나 위대해질 수 있다.

"찬란한 미래를 즐기려면 현재를 한 순간도 낭비해서는 안 된다."

—로저 W. 밥슨 Roger W. Babson

인간은 모두 위대해질 수 있는 능력을 타고났다. 도저히 내키지 않을 때에도 남들보다 조금 더 노력하려는 의지가 있으면 최고의 자리에 오를 수 있다.

고무적인 사실이 하나 있다. 자신이 과거에 얼마나 유능했고 현재 어떤 성과를 내고 있는지는 전혀 중요하지 않다. 목표를 달성하기 위한 일을 하겠다고 결심만 하면 지금 당장에라도 위대한 사람이 될 수 있다. 여기서 더 복잡하게 생각할 것도 없다. 어떤 선택을 하느냐에 따라 지금 이 순간 위대한 사람이 될 수도 있고 영영 평범한 사람으로 남을 수도 있다.

머리말에서 두 가지 삶을 언급한 바 있다. 하나는 우리가 살고 있는 삶이고 다른 하나는 우리가 살 수 있는 삶이다. 자신의 능력을 오롯이 발휘하지 못하는 삶에 안주해서는 안 된다. 매일매일 위대해지기 위해 헌신하는 삶을 살아 보라. 단 12주 만에 놀라운 일이 일어날 것이다.

10장

삶에 불균형 일으키기

12주 프로그램은 매우 효과적이며 인생을 바꿀 정도로 강력하다. 이 책에서는 12주 프로그램을 업무에 적용하는 예시를 주로 다루지만, 12주 프로그램은 우리 삶 어디에서든 똑같이 훌륭한 결과를 만들 수 있다.

시간이나 에너지의 균형을 잡고 유지하는 건 누구에게나 어려운 일이다. 이를테면 일과 가정, 봉사 활동과 여가 생활, 운동과 휴식, 의무와 개인적인 열정 모두 그 사이에 균형을 잘 맞추어야 하는데 어느 것 하나 쉽지 않다.

만약 한쪽에 지나치게 많이 시간과 에너지를 쏟아부으면 금세 지치고 말 것이다. 전체적으로 볼 때 좋은 성과를 내기도 어렵다. 그러다 보면 내가 전념한 이 삶의 한쪽이 오히려 즐거움을 빼앗고 에너지를 갉아먹는 듯한 기분이 들며 심지어 삶의 진정한 목표가 흐릿해지기 시작한다. 이런 실정이다 보니 인생의 균형을 되찾고자 고군분투하는 사람이 그토록 많을 수밖에 없다.

"일과 삶의 균형이라는 과제는 단연코 현대인이 겪는 아주 심각한 고통이다."

—스티븐 코비 Stephen Covey

사실 '삶의 균형'을 문자 그대로 받아들이면 단단히 오해하는 것이다. 균형이라고 하니 마치 삶의 다양한 영역에 모두 똑같은 시간과 에너지를 써야 하는 것처럼 들리기도 하지만, 그렇게 하는 건 현실적이지 않으며 우리가 바라는 삶과도 거리가 멀다. 삶의 각 영역에 시간을 골고루 투자해 봤자 그리 생산적이지도 않고 도리어 좌절감만 느낄 가능성이 높다. 즉, 삶의 균형이란 여러 영역에 시간을 동일하게 쓰자는 것이 아니다. 역설적이지만 시간과 에너지를 '의도적으로 고르지 않게' 분배하는 것이다. 시간과 에너지 그리고 노력을 삶의 어느 영역에 얼마나 투자할지 잘 계획해야 삶의 균형을 이룰 수 있다.

앞으로 살면서 시기에 따라 상대적으로 더 집중하고 신경을 쏟는 영역이 달라질 것이다. 만약 그게 스스로의 의지로 결정한 일이라면 전혀 문제될 게 없다. 원래 인생에도 사계절이 있어 각 계절마다 서로 다른 고난과 축복이 우리를 기다린다.

"

삶의 균형이란
여러 영역에 시간을 동일하게
쓰자는 것이 아니다.
역설적이지만 시간과 에너지를
'의도적으로 고르지 않게'
분배하자는 것이다.

"

"일과 삶의 균형 따위는 없다. 일과 삶 중에 한쪽을 선택할 뿐이다. 선택은 자신의 몫이며 그에 따른 결과 또한 자신의 몫이다."

—잭 웰치 Jack Welch

12주 프로그램은 삶에 의도적 불균형을 일으킨다. 실제로 우리가 만난 많은 고객이 12주 프로그램으로 삶에서 핵심적인 몇몇 영역에 더 집중하여 새로운 성과를 거둘 수 있었다. 12주마다 중요한 일 몇 가지에만 전념해 눈에 띄게 좋은 결과를 얻는 삶을 상상해 보라. 지금과는 많이 다를 것 같지 않은가.

건강 관리를 예로 들어 보겠다. 지금부터 12주 동안 건강을 관리하는 데 전념하면 어떤 결과를 얻을 수 있을까? 우선 건강과 관련해 12주 목표를 수립하고 그에 맞춰 12주 계획까지 정리해 보자. 이 과정에서 12주에 걸쳐 매일 그리고 매주 실행할 몇 가지 전술을 구상해야 한다. 가령 다음과 같은 전술을 떠올릴 수 있다.

- 일주일에 세 번 20분 이상 유산소 운동 하기
- 일주일에 세 번 근력 운동 하기
- 하루에 적어도 물 6잔 마시기
- 하루에 열량은 1,200칼로리까지만 섭취하기

물론 꼭 12주 계획을 짜고 몇 가지 전술을 지정할 필요는 없다. 12주 목표는 똑같이 설정하되, '핵심' 활동을 하나 선택해 12주 동안 꾸준히 실행하는 방법도 좋다. 상황에 따라 온전히 12주 계획을 세우는 게 최선일 수도 있고, 핵심 활동 하나에 집중하는 게 최선일 수도 있다.

다른 예시로 배우자나 연인, 가족, 친한 친구 등과의 관계를 살펴보자. 12주 프로그램을 활용해 배우자나 연인과 더 로맨틱하고 친근한 사이가 될 수도 있고, 가족이나 친구와의 관계가 더 돈독해질 수도 있다. 12주 동안 관계 개선을 위해 진심으로 최선을 다한다면 어떻게 될까? 방법은 간단하다. 일주일에 한 번 배우자나 연인과 저녁 데이트 하기, 일주일에 한 번 가족과 함께 저녁 시간 보내기 같은 핵심 활동을 정하고 실행해 보자. 12주 동안 핵심 활동 하나에만 꾸준히 집중해도 엄청난 성과를 거둘 수 있다.

그 외에 종교, 재정, 감정, 지식, 공동체 등 삶의 중요한 영역들을 하나하나 떠올려 보라. 어쩌면 이제 빚에서 벗어날 때일 수도, 그동안 미뤄 왔던 학위 과정을 마무리할 때일 수도 있다. 책을 쓰거나 창업을 하거나 새로운 언어를 배우고 싶은 이도 있을 것이다. 물론 12주 만에 이렇게 큰 목표를 달성하기란 쉽지 않다. 그래도 12주가 지나고 나면 목표에 꽤나 가까워질 수는 있을 것이다. 커다란 최종 목표를 12주 단위로 나누면 최종 목표까지 보다 꾸준히 나아갈 수 있을 뿐만 아니라, 12주 단위의 목표를 달성할 때마다 성과를 확인할 수도 있다. 이렇게 실질적인 성과가 눈에 보이면 만족감이나 성취감이 더 커져 끝까지 의욕을 잃지 않고 프로젝트를 완수할 수 있게 된다.

무엇에 집중할지 결정하려면 일단 비전부터 세워야 한다. 그다음 삶의 일곱 가지 영역 각각에 얼마나 만족하고 있는지 스스로 점수를 매겨 보자. 여기서 일곱 가지 영역이란 종교, 배우자나 연인, 가족, 공동체, 건강, 비즈니스 그리고 사적인 영역을 말한다. 나는 점수를 매길 때 최소 1점, 최대 10점으로 산정한다. 10점은 최고로 만족한다는 뜻이며 반대로 1점은 전혀 만족하지 않는다는 뜻이다. 각자 나름대로 세워 둔 성공과 만족의 기준을 바탕으로 점수를 매기면 된다. 예를 들어 싱글이더라도 현재 삶에 만족한다면 핵심 인간관계에 10점을 줄 수 있다.

이 일곱 가지 영역은 우리의 에너지를 채워 줄 수도 있고 고갈시킬 수도 있다. 예를 들어 직장 생활에서 별 성취감 없이 스트레스만 받은 채 불확실한 미래를 걱정하는 사람은 개인적인 삶도 불행해질 가능성이 높다. 반면 소득이 높고 일 자체도 즐겁다면 삶의 다른 영역에도 긍정적인 에너지가 가득해질 것이다.

12주 프로그램의 위력은 엄청나다. 소득과 물질적 부를 두 배, 세 배 심지어 네 배 이상 늘려 줄 수도 있다. 그리고 12주 프로그램의 힘은 삶의 다른 영역에서도 똑같이 강력하다. 다양한 영역에서 12주 프로그램을 적용해 보면서 어떤 놀라운 일이 벌어지는지 직접 확인해 보라.

이제 정말로 용기를 내야 할 시간이다!

2부에서는 12주 프로그램과 관련해 추가적인 인사이트를 제공하며, 실행의 기본 원칙을 어떻게 꾸준히 적용할 수 있는지도 살펴본다. 나아가 12주 프로그램을 제대로 적용하여 목표를 이룰 수 있도록 효과가 검증된 도구와 템플릿 및 각종 유용한 팁을 소개한다.

12주로 1년 살기

"오늘 당장 시작하지 않으면
1년 뒤에는 그때 시작할걸 하며 후회하고 있을 것이다."

11장

실행 시스템의 핵심 요소

12주 프로그램을 시작하면 날마다 가장 중요한 일이 무엇인지 명확하게 알 수 있기 때문에 당장 그 일을 처리해야 한다는 긴박감과 강력한 집중력이 형성된다. 그러니 매일매일 자신의 능력을 최대한 발휘할 수밖에 없고, 결과적으로 중요한 일들이 속속 해결되는 모습을 볼 수 있을 것이다. 이 기세가 며칠 또는 몇 주 지속된다고 큰 변화가 생기지는 않겠지만 이런 날, 이런 주가 차곡차곡 쌓이다 보면 마치 복리 효과처럼 성과가 크게 향상되는 때가 찾아온다. 단 12주면 충분하다. 개인적으로든 커리어 측면에서든 누구나 이전과 전혀 다른 사람이 될 수 있다.

1부를 잘 읽었다면 이미 눈치챘겠지만 12주 프로그램은 단순히 12주를 1년처럼 보내자는 것이 아니다. 실제로는 여러 중요한 요소가 12주 프로그램을 단단히 떠받치고 있다. 어떤 목표를 세우든 뛰어난 성과를 거두려면 필수적으로 갖추어야 할 여덟 가지 요소는 다음과 같다.

- 비전
- 계획
- 프로세스 관리
- 평가
- 시간 활용
- 책임
- 헌신
- 위대해지는 순간

2부에서는 이 여덟 가지 핵심 요소를 세 가지 원리와 다섯 가지 원칙으로 나누어 정리한다. 이렇게 나누어 정리해 보면, 여덟 가지 요소가 어떻게 하나의 시스템으로 작동하는지 이해할 수 있으며 이 요소들을 꾸준하게 적용하기도 더 쉬워진다.

사실 많은 사람이 세 가지 원리와 다섯 가지 원칙을 이미 알고는 있다. 하지만 알기만 하는 것과 실천까지 하는 건 전혀 다른 문제다. 이 원리와 원칙을 개인의 삶과 사회생활에 효과적으로 활용한다면 놀라우리만치 빠른 속도로 훌륭한 성과를 낼 수 있을 것이다.

사고방식의 세 가지 원리

12주 프로그램은 개인의 능력과 성공을 결정짓는 세 가지 원리를 기반으로 한다.

1. 책임
2. 헌신
3. 위대해지는 순간

지금부터 하나씩 자세히 살펴보자.

1. 책임 : 책임은 결국 '주인의식'이다. 어떤 상황에 처하든 자신의 행동과 그 결과를 모두 책임지겠다는 삶의 태도이자 의지이며 한 사람의 자질이기도 하다. 책임의 본질은 우리 각자에게 선택의 자유가 있음을 이해하는 데서 시작한다. 바로 이 선택의 자유가 책임의 토대가 된다. 책임의 궁극적인 목적은 스스로에게 "원하는 결과를 얻으려면 무엇을 더 해야 할까?"라는 질문을 끊임없이 던지게 하는 것이다.

2. 헌신 : 헌신은 자기 자신과의 약속이다. 다른 사람과의 약속을 지키면 그 사람과 관계가 돈독해진다. 하지만 자신과의 약속을 지키면 인격과 자존감을 갖출 수 있으며 성공에 가까워질 수 있다.

헌신과 책임은 서로 밀접한 관련이 있다. 어떻게 보면 헌신은 미래에 투영된 책임과도 같다. 미래의 행동과 결과에 주인의식을 갖는 것이기 때문이다. 헌신하는 역량을 기르면 개인적인 성과와 업무적인 성과를 모두 크게 개선할 수 있다. 12주 프로그램과 함께라면 헌신하는 역량을 키우고 나아가 어떤 분야에서든 획기적인 성과를 달성하게 될 것이다.

3. 위대해지는 순간 : 9장에서도 말했듯 사람은 위대한 결과를 선보일 때 위대해지는 것이 아니다. 결과가 나오기 아주 오래전에 위대해지기 위해 필요한 일을 하겠다고 결심한 순간, 이미 위대한 사람이 된 것이다. 결과를 얻는다고 위대해지는 게 아니다. 결과는 단지 위대함을 확인해 주는 증거일 뿐이다. 위대한 사람이 되기 위해 필요한 일을 하겠다고 마음먹는 모든 순간이 우리가 위대해지는 순간이다.

책임, 헌신 그리고 위대해지는 순간. 이 세 가지 원리를 잘 이해해야만 성공적인 커리어와 삶을 누릴 수 있다.

행동방식의 다섯 가지 원칙

12주 프로그램은 사고방식과 행동방식에 모두 관여한다. 특히 행동방식에 대해서는 효과적으로 계획을 실행하는 데 필요한 다섯 가지 원칙을 제시한다. 각 분야 전문가들이 위대한 이유는 단지 아이디어가 좋아서만이 아니라 뛰어난 '실행' 원칙을 바탕으로 움직이기 때문이다. 그럼 다섯 가지 실행 원칙을 소개하겠다.

1. 비전
2. 계획
3. 프로세스 관리
4. 평가
5. 시간 활용

12주 프로그램으로 위의 다섯 가지 원칙을 지킨다면, 지식과 기술을 잘 활용할 수 있을 뿐만 아니라 무엇이든 꾸준히 실행하는 능력을 갖출 수 있다.

1. 비전 : 설득력 있는 비전을 세우면 미래를 명확하게 그려 볼 수 있다. 특히 비즈니스 비전은 개인적인 비전과 방향성이 일치해야 한다. 그래야만 두 비전 사이에 정서적인 연결이 이루어져 지속적으로 헌신하고 꾸준히 행동할 수 있다.

2. 계획 : 계획을 잘 짜면 비전을 이루는 데 필수적인 최우선 활동을 파악하고 이에 집중할 수 있다. 좋은 계획이란 효과적으로 실

행할 수 있는 계획인 것이다.

3. 프로세스 관리 : 프로세스 관리는 일상의 활동으로 목표를 달성할 수 있도록 돕는 각종 도구와 모임으로 구성된다. 프로세스를 잘 관리하면 수익을 창출하는 전략적 활동에 더 많은 시간을 할애할 수 있다.

4. 평가 : 평가는 우리가 현실을 직시하도록 하는 장치이자 12주 프로그램을 이끄는 힘이다. 효과적인 평가는 선행 지표와 후행 지표를 모두 포함하기 때문에 종합적인 피드백을 제공하여 정보에 입각한 의사 결정을 돕는다.

5. 시간 활용 : 모든 일에는 시간이 소요된다. 만약 시간을 제대로 통제하지 못하면 결과 역시 통제할 수 없다. 반드시 뚜렷한 목적을 가지고 시간을 활용해야 한다.

다섯 가지 원칙은 서로 깊게 연관되어 있다. 만약 뚜렷하고 설득력 있는 비전이 없다면 계획 없이 운에 맡기는 삶을 사는 것이기에 나머지 원칙도 아무런 소용이 없어진다. 비전은 잘 갖추었지만 계획이 없다면 헛된 꿈에 불과하다. 비전과 확실한 계획이 있어도 프로세스를 똑바로 관리하지 못하면 날마다 계획을 실행하는 데 기복이 생겨 몇 번이고 좌절을 겪게 될 것이다. 비전과 계획을 세운 뒤 프로세스 관리까지 완벽히 해내도 용기가 부족해 스스로를 평가하지 못하면 순조롭게 진행 중인 계획은 무엇이고 문제가 생긴 계획은 무엇인지 파악할 길이 없다. 당연히 수정해야 할 부분도 그대로 둔 채 성공과 점점 멀어지게 된다. 네 가지 원칙을 잘 지키더라도 시간을 계획적으로 활용하지 않으면 시간에 지배당하고 말 것이다.

변화에 따른 감정 사이클

12주 프로그램을 적용하는 데에는 변화가 요구된다. 하지만 누구나 변화는 불편하다. 변화를 마주할 때 어떤 감정을 겪는지 잘 이해해 두면 어떤 변화가 생겨도 흔들리지 않을 수 있다. 사실 무언가 바꾸겠다고 결심할 때마다 마치 롤러코스터를 타는 듯한 감정 기복이 찾아오기 마련이다. 심리학자 돈 켈리 Don Kelley와 대릴 코너 Daryl Connor는 이런 현상을 '변화에 따른 감정 사이클 ECOC, The Emotional Cycle of Change'이라고 표현한다. ECOC는 5단계 감정 흐름으로 구성된다. 이 책에서는 12주 프로그램에 맞게 약간 변형된 5단계 감정 흐름을 소개할 것이다. 변화의 종류가 무엇이든지 간에 변화를 결심하는 모두가 이 감정 사이클을 겪게 된다. 새로운 관계를 형성할 때, 새로운 물건을 구매할 때, 이직을 하거나 낯선 동네로 이사를 갈 때 등 변화를 겪으면 ECOC가 그리는 감정의 그래프를 꼼짝없이 따를 수밖에 없다. 물론 고점과 저점의 높이가 달라지거나 사이클의 주기가 달라질 수는 있다. 그러나 삶에 변화가 생겼을 때 감정이 이 사이클 대로 흐르지 않는 경우는 없다.

그럼 변화에 따른 감정 사이클의 5단계를 자세히 살펴보자.

1단계 : 근거 없는 낙관

2단계 : 근거에 따른 비관

3단계 : 절망의 계곡

4단계 : 근거에 따른 낙관

5단계 : 성공과 성취

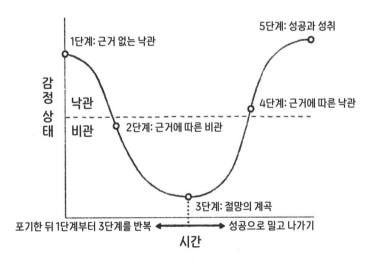

이 감정 사이클은 12주 프로그램을 적용하는 고객들을 보면서 우리가 직접 돈 켈리와 대릴 코너의 모델을 수정한 버전이다.

변화의 첫 단계는 대개 흥미진진한 법이다. 아직 비용 문제를 겪지 않았으니 변화가 어떤 좋은 결과를 가져올지 마음 편히 낙관할 수 있기 때문이다. 이때에는 '근거 없는 낙관'이 감정을 지배한다. 그래프에서는 점선 위의 영역에 해당한다. 변화의 좋은 점만 눈에 보이고 부정적인 면은 드러나지 않았기에 즐거울 수밖에 없다. 이 단계에서는 그동안 바라던 전혀 다른 수준의 결과를 기대하며 아이디어를 브레인스토밍하고 전략을 세우기도 한다.

그러나 안타깝게도 근거 없는 낙관은 그리 오래 가지 않는다. 변화를 위해 희생해야 하는 것들을 알게 되면 긍정적인 감정은 금세 시들해지고 만다. 이처럼 부정적인 감정 상태로 전환되는 과정이 바로 두 번째 단계인 '근거에 따른 비관' 단계다. 이 시점에는 더 이상 변화의 좋은 점이 현실적으로 느껴지지 않으며 중요해 보이지도 가까워 보이지도 않는다. 슬슬 이 변화를 위해 내가 이만큼 노력할 필요가 있는지 의문이 들기 시작하며, 나아가 변화를 포기해야 하는 이유를 억지로 찾아 스스로 합리화하려고 한다. 더 큰 문제는 여기서 상황이 악화된다는 것이다.

세 번째 단계는 '절망의 계곡'이다. 대다수가 여기서 변화를 포기하고 만다. 변화의 고통은 너무나 크게 느껴지는 반면 변화의 좋은 점은 한없이 멀고 사소하게 느껴진다. 결국 이 불편함을 끝낼 수 있는 가장 빠르고 쉬운 방법을 찾게 된다. 바로 변화하기 전 상태로 돌아가는 것이다. 그러고는 바뀌기 전에도 그리 나쁘지 않았다며 합리화까지 해 버린다.

절망의 계곡에서 변화를 포기하면 첫 번째 단계인 근거 없는 낙관으로 돌아가게 된다. 당연하게도 절망의 계곡에서보다 훨씬 즐거운 시간을 보낼 수 있다.

바로 이 절망의 계곡에 빠져 있을 때 설득력 있는 비전이 중요한 역할을 할 수 있다. 누구나 살면서 한 번쯤은 간절한 바람을 가진다. 어떤 대가든 치르겠다고, 어떤 어려움이든 이겨내겠다고 결심할 정도로 간절한 바람을 말하는 것이다. 이를테면 자동차를 꼭 사고 싶을 수도 있고, 이 사람과 반드시 결혼하고 싶을 수도 있고, 꿈에 그리던 대학이나 회사에 들어가고 싶을 수도 있겠다. 구체적인 바람이 무엇이든 간에 정말 간절히 원한다면 어느 정도의 불편함은 기꺼이 감수해야 한다. 비전을 달성하고자 하는 강한 열망에 적절한 헌신과 프로세스 관리가 더해지면 절망의 계곡을 벗어나 변화의 다음 단계로 나아갈 수 있다.

네 번째 단계는 '근거에 따른 낙관'이다. 이 단계에 이르면 성공 가능성이 훨씬 높아지며, 감정 상태 또한 낙관의 영역으로 돌아온다. 게다가 변화하기 위해 했던 노력의 성과가 드러나고, 새로운 사고방식과 행동방식이 일상화되면서 변화의 비용이 감소한다. 여기까지 왔으면 절대 멈추지 말고 다음 단계로 가야 한다!

ECOC의 마지막 단계는 '성공과 성취' 단계다. 이제 변화가 가져다주는 결실을 마음껏 누릴 수 있으며 변화의 비용은 사실상 사라지게 된다. 처음에는 어렵고 불편하기만 했던 새로운 행동도 완전히 내 것처럼 느껴질 만한 때다. 이 감정의 사이클을 처음부터 끝까지 완주하면 변화할 수 있는 역량과 자신감이 쌓인다. 어떤 변화든 얼마든지 해낼 수 있다는 확신을 가지고 또 다른 변화에 도전할 수 있을 것이다.

ECOC는 변화가 우리의 감정에 어떤 영향을 미치는지 확실하게 보여 준다. 이 사이클을 면밀히 파악해 두면 부정적인 감정에 휘둘릴 일 없이 보다 효과적으로 새로운 변화를 시도해 볼 수 있다.

성공을 위한 다 갖춘 시스템

12주 프로그램은 성공에 필요한 모든 것을 '다 갖춘 시스템'이다.

12주 프로그램 워크숍을 열 때면 우리는 참가자들에게 더 뛰어난 사람이 되기 위해 필요하다고 생각하는 요소를 빠짐없이 적어 보게 한다. 참가자들의 답변이 모이면 플립차트에 옮겨 적어 보는데, 그 목록은 커다란 종이 한두 장을 가득 채울 정도이며 대개 20개 이상의 요소로 추려진다. 참가자들이 적은 걸 하나하나 살펴보면 놀랍게도 앞서 언급한 세 가지 원리와 다섯 가지 원칙으로 전부 설명이 가능하다. 그만큼 12주 프로그램이 성공에 필요한 요소를 모두 갖추었다는 뜻이며, 12주를 충실히 보내고 나면 누구나 훌륭한 성과를 거두게 된다.

문제는 많은 이가 세 가지 원리와 다섯 가지 원칙을 하나의 세트로 여기지 않는다는 것이다. 총 여덟 가지 요소 중 일부만 받아들이고 나머지는 간과하는 경우가 많다. 성공의 여덟 가지 요소는 여느 시스템처럼 단순히 부분을 합칠 때보다 전체로서 훨씬 더 강력하다. 일부 요소만 삶에 적용해도 어느 정도 성과가 있기야 하겠지만 여덟 가지 요소를 함께 적용했을 때의 성과에는 결코 미치지 못한다. 이렇게 전체 요소를 더불어 활용하면 12주 프로그램은 자가 교정 시스템이 되어 문제가 발생한 영역을 정확히 찾아내고 우리가 적시에 필요한 개선 행동을 할 수 있도록 돕는다. 우리가 지속적으로 나아지도록 면밀히 고안된 실행 시스템인 것이다.

12주 프로그램은 다 갖춘 시스템일 뿐만 아니라 변화의 촉진제 역할도 한다. 12주 프로그램으로 변화를 경험한 사람은 이어서 또 다른 변화를 더욱 쉽게 받아들일 수 있다. 컴퓨터를 비유로 들어 보겠다. 만약 운영체제가 엉망이면 최고로 비싸고 귀한 소프트웨어를 구매해도 아무런 소용이 없다. 다들 운영체제 문제로 프린터가 작동하지 않거나 문서 파일이 열리지 않거나 컴퓨터 자체가 먹통이 된 경험이 있지 않은가.

그럼 자기 자신이라는 컴퓨터에 12주 프로그램을 운영체제로 설치했다고 생각해 보라. 그러면 자신이 맡고 있는 다른 모든 비즈니스 시스템이 더 원활하게 돌아갈 것이다. 예를 들면 회사에도 마케팅 시스템, 영업 시스템, 제품 시스템, 서비스 시스템, 기술 시스템 등 온갖 시스템이 존재한다. 이 시스템들의 실행을 관리하는 더 큰 시스템이 없다면 우리는 원래 익숙하고 큰 변수가 없는 구식 시스템에 계속 의존하기 마련이다. 특히 변화를 마주한 상황이라면 더

더욱 기존의 시스템을 고수하게 된다. 반면 12주 프로그램이 운영체제 역할을 해 주면 변화가 닥치더라도 큰 혼란 없이 비즈니스 시스템을 업데이트할 수 있다. 마치 별도의 설치 과정 없이 자동으로 인식되는 소프트웨어처럼 새로운 시스템을 쉽게 추가할 수도 있다.

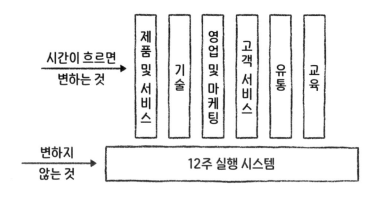

12주 프로그램은 우리의 할 일 리스트에 슬그머니 추가될 만한 것이 아니다. 장기적으로 성과를 내려면 할 일을 모두 실행하도록 돕는 시스템으로서 12주 프로그램을 활용해야 한다.

인간은 안정을 필요로 한다. 변함없이 제자리를 지켜 주었으면 하는 것이 누구나 하나쯤 있을 것이다. 운영체제로서의 12주 프로그램 역시 한결같은 존재다. 비즈니스적으로는 변화에 수반되는 혼돈을 최소화하면서 기업이 목표를 달성하고 혁신하게끔 돕는다. 개인적으로는 우리의 일상을 단단히 지탱해 주는 기반이 된다. 12주 프로그램은 우리의 할 일 리스트에 추가되는 평범한 것이 아니다. 오히려 12주 프로그램을 기반으로 할 일 리스트에 적힌 일들을 실

66

12주 프로그램이
운영체제 역할을 해 주면
변화가 닥치더라도
큰 혼란 없이 비즈니스 시스템을
업데이트할 수 있다.

99

행해야 한다.

이제부터 12주 프로그램의 여덟 가지 핵심 요소를 더 자세히 살펴보려 한다. 아마 지금까지보다 훨씬 유용한 인사이트를 얻을 수 있을 것이다. 여덟 가지 요소를 더 효과적으로 적용하는 데 도움이 될 도구나 예제도 준비되어 있다.

이 책을 끝까지 읽고 12주 동안 12개월 치보다 더 훌륭한 결과를 만들어 보자.

12장

비전 수립하기

12주 프로그램으로 획기적인 성과를 내기 위해서는 우선 위대한 비전을 수립해야 한다. 앞으로 계속 영감을 일으킬 만한 비전을 즐거운 마음으로 세워 보자. 비전 수립이 중요한 이유는 계획을 수행하기 싫은 순간이 언젠가 반드시 오기 때문이다. 목표와 계획을 중도에 포기하지 않으려면 그만큼 강력한 동기가 필요한데 비전이 바로 그런 동기가 되어 준다.

내 오랜 친구이자 고객인 살 두르소는 비전을 두고 이런 견해를 드러낸 바 있다.

우리 회사는 지난 수년간 12주 프로그램의 원리와 원칙을 적용해 왔다. 12주 프로그램은 우리에게 제2의 천성과도 같으며, 우리가 일을 처리하는 방식이자 난관에 봉착했을 때에도 계획대로 나아갈 수 있는 원동력이다.

얼마 전 우리 회사는 상당히 큰 손실을 입었다. 몇몇 핵심 고문이 회사를 떠나면서 중요 고객들까지 빼내 가는 바람에 수익의 상당 부분이 날아가 버린 것이다. 회사가 휘청일 만한 순간이었다. 나 역시 개인적으로나 업무적으로나 너무나 큰 충격을 받았다. 떠난 사람들은 모두 단순한 비즈니스 동료가 아니라 오랜 친구이기도 했다. 남은 이들은 깊은 상실감에 빠질 수밖에 없었다.

이 자리에 있었다면 누구든 '피해의식'에 사로잡혀 회사가 입은 손실의 모든 책임을 떠난 자들에게 돌렸을 것이다. 돌이켜 보면 실제로 며칠간은 왜 하필 나한테 이런 불행이 일어났는지 분통을 터뜨렸다. 그러나 이내 내가 일선을 떠난 뒤에도 오랫동안 지속될 비즈니스를 구축하겠다는 열망과 비전이 피해의식과 분노를 대신했다.

당시 재충전할 시간이 절실했던 나는 알래스카로 여름휴가를 떠났다. 알래스카에서 시간을 보내는 동안 의식적으로 회사 일은 잊은 채 내 삶을 멋지고 아름답게 만들어 주는 것들을 다시금 생각해 봤다. 내 인생을 굽어살피시는 하느님, 어디에 내놔도 자랑스러운 아내와 가족, 아무나 못 할 50년 흑자 운영이라는 이정표를 눈앞에 둔 회사가 떠올랐다.

케니코트 강에서 환상적인 래프팅을 즐기기도 했다. 강의 물

굽이를 돌아 나가는데 보라색 꽃밭이 마치 바다처럼 나타났다. 너무나 놀라운 풍경이었다. 산비탈을 따라 눈이 닿는 곳마다 꽃이 피어 있었다. 가이드가 설명하기를 그 꽃은 분홍바늘꽃이며, 불과 몇 년 전만 해도 산불 때문에 폐허가 된 자리에 이렇게 많은 꽃이 핀 것이라고 했다. 그는 이렇게 산이 보랏빛으로 물들기 시작하면 산불로 입은 상처가 회복되고 있다는 신호라고 설명을 덧붙였다. 마치 자연도 앞으로 무엇을 해야 할지 비전을 세울 줄 아는 것처럼 보였다. 한편으로는 내게도 새로운 숲이 찾아올 수 있다 생각하니 경외심이 들면서 희망과 기대에 부풀어 올랐다.

더 이상 회사가 입은 손실에만 매달려 있으면 안 되겠다는 생각도 들었다. 우리 회사에는 어떤 부활의 신호가 나타나는지에 집중할 차례였다. 조직의 리더로서 내가 해야 할 일은 분명했다. 회사에 대해 내가 지니고 있는 비전을 모든 구성원에게 공유하고 납득시켜야만 했다.

나는 재충전을 마치고 기쁜 마음으로 회사에 돌아와 몇 주에 걸쳐 구성원 한 명 한 명과 대화를 나누었다. 우리 회사만의 특별한 무기가 무엇인지, 우리 회사의 미래에 대해서는 어떻게 생각하는지 의견을 주고받는 시간이었다. 이러한 논의와 고민의 시간으로 회사의 이정표가 될 비전을 세울 수 있었다. 1년이 지나자 이 비전은 분홍바늘꽃밭으로 거듭났다.

마치 산불이 일어난 듯 타격을 입었던 우리 회사에 1년 만에 분홍바늘꽃이 가득 핀 것이다. 게다가 회사를 더욱 굳건하게 지켜 줄 어린 묘목들도 싹을 틔우기 시작했다. 경영진, 고문, 직원 너 나 할 것 없이 모두 1년 전에 일어난 일이 전화위복이 되었다고 입을 모았다. 회사의 구성원 모두가 헌신하는 이 비전이 앞으로 우리 조직을 성장시킬 원동력이 될 것이다. 진정한 성공은 같은 비전을 공유하는 사람들이 공동의 결과를 위해 노력할 때 이룰 수 있다. 어떤 어려움이 찾아오더라도 비전과 신념이 우리를 올바른 길로 이끌 것이다.

살 두르소는 움직임과 진전을 만들어 내는 비전의 힘을 몸소 느끼고 행동에 나섰다. 비전은 잿더미가 된 땅에도 꽃을 피우는 힘이 있다. 하지만 사람들은 대부분 비전의 긍정적이고 건설적인 힘을 모른 채 살아간다. 새까맣게 탄 땅을 복구하고 싶은 상황에서든, 이미 꽃이 활짝 피어 있지만 더 많은 꽃을 피우고 싶은 상황에서든 강력한 비전은 앞으로 나아가는 원동력이 되어 준다.

'개인적인 열망과 직업적인 꿈이 서로 방향이 일치할 때 가장 강력한 비전을 세울 수 있다.' 결국 어떻게 보면 직업적인 비전이 개인적 비전을 달성하기 위한 자금을 마련해 주는 셈이다. 변화의 불편함을 비전의 힘으로 극복하려면 삶의 목표가 명확해야 한다. 대다수 사람은 비즈니스나 커리어를 우선시하지만 둘 다 삶의 일부일 뿐이다. 오히려 인생의 비전이 제대로 세워져야 비즈니스나 커리어에도 추진력과 의미가 생긴다.

최고의 비전은 원대한 비전이다. 우리의 경험에 따르면 원대한 비전 없이는 위대한 성과도 없다. 인류가 이룩한 모든 발전, 이를테면 의학을 비롯해 우주 진출과 인터넷 등 과학 기술의 발전은 모두 먼저 위대한 비전이 세워진 뒤에 이루어진 일이었다. 개인적으로도 커다란 성취를 이루기 위해서는 원대한 비전이 선행되어야 한다. 그러니 꿈을 크게 꾸고 진정으로 위대한 자신의 모습을 머릿속에 그려 보기 바란다. 이때 비전의 크기는 어느 정도 마음이 불편할 정도로 커야 한다는 사실을 명심하자.

불가능에서 확신으로 나아가기

현재 상황에 비해 훨씬 원대한 미래를 상상하다 보면 안타깝게도 그 비전을 달성하기가 불가능하게 느껴지기도 한다. 위대한 성과를 내는 사람들이 제법 눈에 보이지만 자신이 그런 사람이 될 리는 없다고 믿는 것이다. 머릿속에 그려 본 성과가 지금까지 경험한 성과를 아득히 뛰어넘는다면 바로 이런 의문이 생긴다. '내가 이걸 어떻게 하겠어?' 이제 막 비전을 떠올리기 시작하는 단계이니 이런 의문은 일단 넣어 두자. 사실 어떻게 할지 모르는 게 당연하다. 만약 비전을 달성하는 방법을 알았다면 진작 그 비전은 현실이 되고도 남았을 것이다. 이처럼 원대한 비전을 어떻게 달성하는지 모르는 사람은 그 비전 달성 자체를 불가능하다고 여기게 된다. 문제는 여기서 원대한 비전을 포기하고 확실하게 달성할 만한 비전으로 슬그머니 넘어간다는 것이다. 무언가를 할 수 있고 없고는 마음가짐에 달려 있다. 어떤 일을 불가능하다고 '생각'해 버리면 결코 그 일을 해낼 수 없다. 헨리 포드는 이렇게 말했다. "할 수 있다고 생각하면 할 수 있고, 할 수 없다고 생각하면 할 수 없다." 그러니 원대한 꿈을 이루기 위한 첫 단계는 불가능하다는 생각을 버리고 가능하다는 생각을 갖는 것이다. 이렇게 생각을 바꾸려면 스스로에게 '이걸 어떻게 하지?'라고 묻는 대신 '만약에 이걸 해내면?'이라고 물어 보자. 만약에 비전을 달성하면 자기 자신과 가족, 또는 친구나 팀, 고객, 공동체가 어떻게 달라질지 그려 보자는 뜻이다. '만약에?'라는 질문을 던짐으로써 우리는 흐뭇한 기분으로 비전 달성의 가능성과 효과를 상상할 수 있다. 질문을 바꾸기만 해도 비전을 달성하고자 하는 열망이 커지고 위대한 성과로 향하는 문이 조금이나마 더 열린다. 그 문틈은 여전히 좁긴 하지만 불가능의 사고방식을 가능의 사고방식으로 바꾸기에는 충분하다.

비전을 달성 가능한 것으로 여기게 되었다면 다음 단계인 유망으로 나아갈 차례다. 이 단계에서는 앞서 지양하기로 했던 '이걸 어떻게 하지?'라는 질문을 던져야 한다. '어떻게' 할지를 묻는 건 나쁜 질문이 아니다. 오히려 아주 좋은 질문이다. 중요한 건 타이밍이다. 이 질문이 너무 일찍 나오면 비전을 달성하려는 시도조차 못한 채 전체 프로세스가 끝장나고 만다. 하지만 비전 달성이 불가능하지 않다고 생각하는 단계에서는 반드시 어떻게 할지 스스로에게 물어야 한다. '만약에?'가 비전 수립에 토대가 되는 질문이라면, '어떻게?'는 계획을 수립하기 위한 질문이다.

효과적으로 비전을 수립하기 위해서는 '유망'에서 '확신'으로 생각을 한 번 더 전환해야 한다. 사실 이 전환은 계획을 실행하는 과정에서 자연스럽게 이루어진다. 확신은 마음이 강력한 상태에 접어든 것으로, 모든 의심이 사라진 채 정신적으로 이미 최종 결과에 다다랐다고 봐도 무방하다. 계획을 실행하여 결과가 점점 눈에 보이기 시작하면 확신을 향해 생각이 저절로 나아가게 된다.

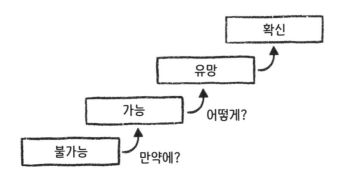

실행에 앞서 우선 사고의 여정을 거쳐야 한다. 불가능하다고 생각하는 일은 영영 불가능한 일로 남는다. 가장 중요한 건 목표를 달성할 수 있는 믿음이다.

중장기 비전 세우기

최고의 비전은 개인의 삶과 커리어의 균형을 유지시킨다. 일반적으로 열정은 개인적인 비전에서 비롯되며 변화의 고통과 절망의 계곡을 극복할 에너지원이 되어 준다. 그리고 절망의 계곡에서 두려움과 불확실성, 불편함을 이겨 내야 획기적인 성과를 내어 한 단계 더 도약할 수 있다. 결국 어려운 상황에서도 포기하지 않고 끝까지 밀고 나갈 힘은 개인적인 비전에서 나오는 셈이다.

비전은 우리의 눈이자 마음과도 같다. 비전의 도움을 받으면 여러 난관을 극복하여 계획을 무사히 실행할 수 있다. 해야 할 일이 너무 어려워 보이거나 하기 싫을 때에는 비전을 다시 한 번 떠올리기 바란다. 비전으로 내면의 힘을 기르면 어떤 어려움이 닥쳐도 앞으로 나아가 끝내 꿈과 목표를 실현할 것이다.

비전은 기간에 따라 크게 세 가지로 수립할 수 있다.

1. 원대한 장기 비전
2. 3년 뒤를 보는 중기 비전
3. 12주 목표 (다음 장에서 살펴볼 예정)

1. 원대한 장기 비전 : 그럼 열망이 가득 담길 장기 비전부터 알아보자. 비전을 세울 때에는 모든 가능성을 열어 두고 상상력을 최대한 발휘해야 한다. 당장 급하지 않거나 감히 시도할 생각조차 못할 만큼 비현실적이고 원대한 일도 간과하면 안 된다. 잠시 시간을 내어 살면서 갖고 싶고, 하고 싶고, 되고 싶은 모든 것을 떠올려 보자. 신체와 정신의 건강, 종교 활동, 인간관계, 돈, 커리어, 자아 등 여

러 측면에서 가장 중요한 게 무엇인지 고민해 보기 바란다. 얼마나 많은 시간적 자유를 원하는가? 얼마나 많은 돈을 벌고 싶은가? 일단 생각나는 대로 종이에 모두 적어 보자.

이제 종이에 적힌 리스트에서 마음이 끌리는 항목들을 고를 차례다. 선택한 항목들을 바탕으로 5년, 10년, 15년 후를 떠올리며 비전을 세워 보자. 이 과정에 정답은 없다. 그저 자신이 진심으로 원하는 삶을 선택하는 것이다.

원대한 장기 비전

- ....
- ....
- ....
- ....
- ....
- ....

2. 3년 뒤를 보는 중기 비전 : 자신의 삶에서 어떤 것이 가능할지 살펴보았으니 이제는 좀 더 구체적으로 고민해 볼 시간이다. 장기 비전을 고려했을 때 향후 3년 동안 무엇을 이루고 싶은가? 지금부터 3년 뒤에 개인적으로나 커리어적으로 어떤 멋진 삶이 펼쳐지기를 바라는지 최대한 구체적으로 표현해 보자. 여기서 더 구체적으

로 표현할수록 이어서 12주 목표와 계획을 세우기가 더 쉬워진다.

-
-
-
-
-
-

생각 바꾸기

비전은 본질적으로 추상적인 개념이다. 하지만 비전이라는 개념을 어떻게 바라보느냐에 따라 비전의 활용도와 효용이 달라질 수 있다.

실제로 많은 이가 비전을 부질없는 것으로 여긴다. 좋은 결과를 내고 성공에 이르는 데 그리 중요한 요소가 아니라고 믿는 것이다. 이 책을 읽으며 깨달았겠지만 비전을 그렇게 회의적으로 바라봐서는 안 된다. 제 기능을 해내는 비전은 훌륭한 성과를 내게 하는 점화 스위치이자 연료와 같다. 비전은 우리가 무슨 일을 하든 매우 중요한

'동기'로 작용한다. 바꾸어 말해 비전을 잘 세워 두면 두려움에 맞서 대담하고 꾸준하게 계획을 실행하면서 의미 있는 삶을 살 수 있다.

비전은 허황된 것이 아니라 모든 위대한 결과의 어머니임을 받아들이자. 이렇게 사고를 전환하기만 해도 크나큰 결실을 맺을 수 있다. 비전의 진정한 힘을 이해하고 나면 어떻게든 자신만의 비전을 마음에 품고 살아가려 노력하게 될 것이다. 그러면 지금껏 스스로를 가로막고 있던 한계를 깨부수고 성공을 향해 전진할 수 있다.

팀에 적용하기

비전을 세우는 일은 일반적으로 개인의 영역이다. 하지만 리더 자리에 있는 사람이라면 직속 구성원들이 각자의 비전을 보다 효과적으로 활용하도록 구체적인 조치를 취해야 한다. 특히 성과에 대한 코칭을 해야 할 때 비전은 좋은 출발점이 되어 준다. 비전이 있어야 주인의식이 생기기 때문이다. 팀원들이 자신의 비전에 주인의식을 가지고 있으면 리더 입장에서는 그들이 각자 목표를 세우고 구체적인 전술까지 짜도록 보다 쉽게 이끌 수 있다. 팀원들이 별다른 비전도 없고 주인의식도 없다면 아무리 목표를 세우고 계획을 짜 봤자 그들 각자가 아니라 리더의 목표이자 계획이 될 뿐이다.

우선 팀원과의 일대일 미팅 시간을 활용해 그들 각자의 비즈니스 비전을 알아보라. 리더가 그런 시간을 제안하면 마다할 사람은 없

"

비전은 허황된 것이 아니라
모든 위대한 결과의
어머니임을 받아들이자.

"

을 것이다. 구성원이 어떤 비즈니스 비전을 세우는지가 왜 중요한지 면밀히 고심해 보기 바란다. 그리고 비즈니스 비전을 달성하는 것이 각자의 인생에 어떤 좋은 영향을 끼칠지도 생각해 봐야 한다. 자신의 비전에 대해 어느 정도로 주인의식을 가지고 있으며 얼마나 감정적으로 공감하는지도 물어보면 도움이 될 것이다.

다음 질문으로 팀원이 자신의 비전에 대해 어느 정도로 주인의식을 가지고 있는지 파악할 수 있다.

- 비전이 중요한 이유는 무엇인가?
- 당장 비전을 달성할 수는 없겠으나, 추후에 비전을 실현한다면 무엇을 할 수 있을 것 같은가?
- 비전을 달성하면 본인은 물론이고 가족, 친구, 동료, 고객, 공동체가 어떻게 달라질까?
- 비전을 달성하는 데 필요한 일에 기꺼이 헌신할 수 있는가?
- 누구와 비전을 공유했는가?
- 비전을 적어 놓고 얼마나 자주 살펴보았는가?
- 비전과 12주 목표에 가까워지려면 무엇을 해야 할까?
- 비전과 목표에 다다르는 데 방해가 되는 위험 요소나 장애물은 무엇인가?
- 목표와 비전을 달성하기 위해 어떤 도움이 절실한가?

팀원들이 각자의 비전에 뚜렷한 주인의식을 갖게 되었다면, 그다음은 비전을 달성하기 위한 실행 계획을 수립하도록 도울 차례다. 13장에서 12주 계획 수립 방법을 다루고 있으니 이를 참고하여 팀 원들에게 큰 도움이 되어 주기 바란다.

직속 팀원과 일대일 미팅을 할 때 비전에 대한 이야기로 대화를 시작해 보라(일대일 미팅은 적어도 한 달에 한 번은 하는 것을 권장한다). 팀원이 비전을 향해 잘 나아가고 있는가? 비전 달성에 필요한 일에 얼마나 열의를 가지고 있는지도 이야기를 나누어 보자. 팀원이 어려운 일을 피하려고만 한다면, 그런 식으로 해서는 절대 장기적인 비전을 이룰 수 없다고 따끔하게 일러 주어야 한다. 결국 주인의식의 문제다. 비전 달성을 위해 해야 할 일을 외면한다는 건 비전이 만들어 줄 미래보다 현재의 안온함을 더 중요하게 여긴다는 뜻이다. 이럴 경우 팀원이 내릴 수 있는 선택은 둘 중 하나다. 인생의 기대치를 낮추거나 용감하고 절제 있는 태도로 계획을 꾸준히 실행하거나. 다행히 이런 선택의 기로에서 팀원들은 원대한 비전을 다시 떠올려 평범함보다 위대함을 추구할 가능성이 높다.

팀 비전 세우기

리더로서 명확한 팀 비전을 세우는 건 회사나 부서를 위해서도 중요한 일이다. 적당히 비전 선언문을 작성해서 액자에 넣은 뒤 벽에 걸어 놓으면 된다는 뜻이 아니다. 팀 비전은 미래의 정해진 시점에 도달해야 할 목적지를 나타낸다는 점에서 개인의 비전과 유사하다. 리더는 자신의 팀이 무엇을 가장 중요하게 여기고 어떤 비전을 가져야 할지 확실히 정해야 한다. 가장 좋은 방법은 각 팀원이 먼저 개인의 비전을 세운 뒤 이어서 한데 모여 공통의 팀 비전을 만들어 가는 것이다.

팀 비전을 수립할 때에는 개인적인 비전을 세울 때의 과정을 대부분 그대로 따라가면 된다. 우선 장기적인 관점에서 시작하라. 위대한 회사, 위대한 팀은 미래에 어떤 모습이어야 할지 다 같이 브레인스토밍해야 한다. 최대한 구체적으로 미래를 그려 보고, 수치화할 수 있는 영역에는 숫자를 제시하도록 하라. 다음으로는 각자 의견을 주고받으면서 3년 뒤를 고려해 범위를 좁힐 차례다. 여러 구체적인 항목 중 팀의 중기 비전으로 삼을 만한 것과 그렇지 않은 것을 가려 보자.

빠지기 쉬운 함정과 성공 팁

함정 1. 비전의 힘을 진지하게 받아들이지 않는다.

어떤 이들은 비전을 쓸모없는 것으로 여긴다. 이런 사람들은 대개 제대로 된 목표도 없이 행동에 나서곤 한다. 문제는 이들이 난관에 봉착할 때 발생한다. 상황이 어려울 때에도 길게 보고 꾸준히 할 일에 매진해야 하는데, 그럴 만한 '이유'가 없으니 금세 포기해 버린다. 이 함정에 빠지면 비전을 향해 나아가는 게 불가능하며, 당연히 비전에 맞춰 계획을 세울 수도 없고 심지어 비전이 무엇인지조차 기억하지 못하게 된다.

함정 2. 의미 없는 비전을 세운다.

너무 가벼운 마음으로 비전을 세우는 사람도 있다. 진정 스스로에게 의미 있는 것을 찾아야 하는데 그저 원하는 것(또는 원한다고 생각하는 것)을 비전으로 삼아 버린다. 비전을 세우는 데에는 시간이 필요하다. 감정적으로 연결될 수 있는 무언가를 찾을 때까지 거듭 고민하기 바란다.

함정 3. 너무 소소한 비전을 세운다.

비전이 지나치게 작으면 최선을 다하지 않기 마련이다. 굳이 현재의 편안함을 희생할 필요가 없으며, 심지어 그 비전을 달성해야 할 필요도 느껴지지 않을 것이다. 소소한 비전은 달성하기 쉽지만 오히려 그렇기에 최선의 능력을 끌어낼 수가 없다. 지금보다 더 뛰어난 사람이 되려면 원대한 비전을 세우자. 비전의 크기는 어느 정도 불편함을 느낄 만큼, 그리고 새로운 방식으로 새로운 도전에 나서야 할 만큼 커야 한다.

함정 4. 비전 달성에 필요한 일을 일상화하지 않는다.

우리는 하루하루 비전을 향해 한 걸음씩 더 나아갈 수 있다. 물론

반대로 나날이 제자리걸음만 할 수도 있다. 비전을 바탕으로 계획을 세우고 행동에 옮긴다면, 매일 비전 달성에 중요한 일을 실행한다고 확신할 수 있을 것이다.

지금까지 비전을 잘 수립하고, 그 과정에서 저지르기 쉬운 실수까지 꼼꼼하게 점검했으리라 믿는다. 이제 비전을 더욱 강력하게 만들 수 있는 세 가지 팁을 살펴보겠다.

성공 팁 1. 타인과 비전을 공유하라.

비전을 타인과 공유하고 나면 그 비전에 더욱 집중하고 헌신하게 된다. 누군가에게 인생의 목표를 이야기하면 실제로 행동해서 목표를 이뤄야겠다는 책임감이 더 커지기 때문이다.

성공 팁 2. 비전을 항상 가까이에 두라.

비전을 써 놓고 항상 몸에 지니고 다니는 것을 권장한다. 매일 아침 비전을 곱씹으면서 이 비전을 더 뚜렷하고 의미 있게 만들 방법을 떠올려 보라.

성공 팁 3. 계획적으로 살라.

매일 잠자리에 들기 전 잠시 시간을 내어 하루의 성과를 되돌아보라. 비전 달성에 진전이 있었는가? 아니면 하루 종일 비전과 무관한 일에만 매달렸는가? 의식적으로 계획을 따르는 노력을 해야 비전 달성에도 진전이 생긴다. 당장 내일 무엇을 할 건지 잘 생각해 두기 바란다.

13장

12주 계획 세우기

이번 장은 12주 계획을 처음 세우는 사람을 위한 안내서라고 할 수 있다. 본격적으로 12주 계획을 세우기에 앞서, 먼저 비전을 수립하고 그 비전에 감정적으로 충분히 연결되어야 한다. 그렇지 않다면 12장을 다시 읽고 오기 바란다. 그럼 지금부터 의미 있는 12주 목표를 설정하고 이를 달성하기 위해 견고한 계획을 마련해 보자.

효과적으로 실행을 돕는 계획

누구나 계획이 중요하다는 사실은 인정할 것이다. 계획을 잘 세우면 우선순위가 가장 높은 일에 시간과 노력을 쏟을 수 있어 목표를 성공적으로 달성할 가능성이 높아진다. 팀을 일사불란하게 움직일 수 있으며 나아가 경쟁 우위를 확보하는 데에도 도움이 된다.

계획을 세워 일을 하면 좋다는 건 널리 알려져 있지만 그럼에도 계획을 세우지 않는 사람이 많다. 이런 사람들은 대개 무엇이든 일단 해야 한다고 생각한다. 무작정 행동으로 옮기는 게 도움이 될 수도 있으나, 오히려 계획을 효과적으로 실행하는 데 방해가 되기도 한다. 특히 일을 하다 보면 조급해질 때가 생기는데 행동을 우선하는 사람은 그럴 때 일을 대강 후다닥 처리해 버리고 만다. 물론 계획을 세우면 이런 문제가 발생하지 않는다. 계획 세우기는 어렵고 시간이 많이 필요한 일이지만 걱정하지 않아도 좋다. 애초에 시간과 노력을 들여 계획을 명확하게 세워 두면 목표 달성에 드는 시간과 노력의 총합을 크게 줄일 수 있다.

사람들이 계획을 세우지 않는 이유가 또 있다. '난 해야 할 일이 무엇인지 이미 알고 있어서 굳이 계획을 세울 필요가 없어'와 같이 착각을 하기 때문이다. 언뜻 보면 일리가 있으나 안타깝게도 그냥 알고 있는 것과 실제로 행동하는 것 사이에는 엄청난 차이가 있는 법이다. 건강한 체형 만들기를 예로 들어 보자. 건강한 식단을 유지하고 열심히 운동도 해야 한다는 사실을 모두가 알지만, 실제로 원하는 만큼 자신의 몸을 가꾸는 사람은 몇 안 된다. 이처럼 무엇을 해야 하는지 그저 '아는' 것만으로는 의미가 없다.

세상은 시끄럽고 예상치 못한 일로 가득하다. 게다가 편안함을 추구하려는 본능적인 욕구 또한 이겨 내기 어렵다. 그러다 보니 무엇을 해야 하는지 알면서도 집중력을 유지하지 못한다. 그렇기 때문에 우리는 계획을 세우고 계획에 따라 일을 해야 한다. 마음속에서만, 말로만 세우는 계획이 아니라 '눈으로 볼 수 있는' 계획이어야 한다. 그래야 목표를 달성할 가능성을 높일 수 있다.

더 빠르고 더 크게 달성하는 게임 체인저

12주 주기로 계획을 세우고 실행하는 과정을 거치면 시간이 더 가치 있게 느껴진다. 1년을 12주로 생각하면 하루하루가 모두 목표 달성에 중요하기에 매 순간의 가치가 더욱 부각될 수밖에 없다. 12주 프로그램으로 우리는 지금 이 순간에 행동하는 법을 배우게 된다. 그리고 우리가 경험할 미래는 지금 당장 어떻게 행동하느냐에 따라 달라진다.

그런데 현재에 집중해 순간을 사는 데에는 두 가지 방법이 있다. 수동적으로 사는 것과 능동적으로 사는 것이다. 수동적으로 산다는 건 매 순간의 행동이 주변 환경에 반응하는 형태로 이루어진다는 뜻이다. 전화벨이 울리면 전화를 받고 이메일이 오면 바로 확인하는 삶, 새로운 업무가 떨어지면 그 일을 하고 누군가 나를 찾아오면 떠날 때까지 상대해 주는 삶을 떠올려 보라. 이렇게 살면 순간마다 최적의 결정을 내릴 수가 없다.

매 순간마다 가장 가치 있는 일이 무엇인지 곧바로 파악하는 건 어려운 일이다. 왜냐하면 그 순간에 명백하게 좋은 일과 명백하게 나쁜 일 사이에서 선택을 내리는 경우는 드물기 때문이다. 대개는 가치가 높은 일과 낮은 일 사이에서 고민하게 되며, 그 짧은 순간에 가치의 우위를 확실하게 알기란 불가능하다.

그래서 12주 프로그램이 유용한 것이다. 어떤 일을 할지 계획을 잘 세워 두면 주변 환경에 반응해서가 아니라 스스로의 계획에 따라 행동할 수 있다. 12주 프로그램을 시작할 때 12주 계획을 세우기 때문에 앞으로 12주간 무슨 일을 할지가 선제적으로 정해지는 셈이다. 요컨대 12주 계획으로 우리는 매일 '해야 할 일'을 더 많이 해낼 수 있으며, 궁극적으로 목표를 더 빠르고 성공적으로 달성할 수 있게 된다.

12주 계획의 또 다른 이점은 목표 달성에 필수적인 몇 가지 일에만 꾸준히 전념할 수 있다는 것이다. 12주라는 시간은 그리 길지 않기 때문에 너무 여러 가지 일에 매달리다가는 그 무엇도 해내지 못하고 만다. 12주 프로그램을 진행하는 동안에는 목표와 밀접하게 연관되는 최소한의 활동에만 집중하기를 권장한다.

기간이 짧다는 것 자체가 좋은 점이기도 하다. 기간이 짧은 덕분에 불확실성이 줄고, 결과적으로 행동 중심의 계획을 효과적으로 세울 수 있다. 그러나 기간이 4개월을 넘어가면 그동안 무엇을 해야 할지 예측하고 계획하기가 사실상 불가능하다. 이처럼 기간이 짧다는 건 12주 프로그램의 커다란 강점이다.

반대로 연간 계획을 짤 때에는 불확실성이 크기 때문에 대체로 무엇을 할지보다 무엇을 이루고 싶은지에만 초점을 맞추기 쉽다. 목표가 '무엇'인지는 있지만 목표를 '어떻게' 달성할지는 없는 셈이다. 어떻게 할지 정하지 않기 때문에 연간 계획을 실행하는 건 당연히 불가능에 가깝다. 어느 정도로 일을 완수해야 하는지 몰라 우왕좌왕하다 오히려 과도하게 많은 일을 떠맡는 경우도 많다.

12주 계획을 실행하기 편한 이유는 하루와 한 주를 '어떻게' 보낼 것인지 정해 두기 때문이다. 계획을 행동 단위로 세분화할수록 목표 달성에 더 가까워질 수 있다.

이쯤에서 패트릭 모린이 전하는 12주 계획 경험담을 읽어 보자.

내가 12주 프로그램에 열의를 보이기 시작한 건 체중 감량 때문이었다. 살이 지독히도 빠지지 않아 고심하던 나는 일단 17킬로그램 감량을 목표로 삼았다. 12주 프로그램에서 정한 목표, 전략과 전술은 지긋지긋한 체중 문제를 완벽하게 해결해 주었다. 심지어 철인 3종 경기를 준비하는 데에도 12주 프로그램은 안성맞춤이었다. 체중 감량과 철인 3종 경기라는 큰 목표를 달성하고 나니 12주 프로그램을 적용할 만한 일이 또 없는지 찾게 되었다.

마침 그 당시 나는 신생 헬스케어 스타트업에서 자금을 조달하는 일을 맡고 있었다. 스타트업이 본격적으로 운영되기 시작한 건 1월부터였으며, 동료들과 함께 필요한 서류를 모두 작성하고 제품을 준비하느라 바쁜 나날을 보냈다. 그런데 준비

"

12주 계획을
실행하기 편한 이유는
하루와 한 주를
'어떻게' 보낼 것인지
정해 두기 때문이다.

"

과정이 생각보다 지체되었고 어쩔 수 없이 내부적으로 계속 자금을 마련해야만 했다. 회사 사정이 나빠지는 게 눈에 보였고 내 인내심도 바닥날 참이었다.

지금이야말로 12주 프로그램을 적용할 때라는 생각이 들었다. 7월 초의 월요일, 사내 임원진과 함께 12주 계획을 세우기 위한 자리를 마련했다. 목표는 명확했다. 우리의 아이디어와 회사가 '살아남으려면' 앞으로 12주 동안 사모투자제안서PPM, Private Placement Memorandum를 작성하고 자금을 조달해야 했다. 당시 경제 상황을 표현하자면 '참담'이라는 말이 가장 적절할 것 같다. 투자자를 구하기가 매우 힘든 상황이었기에 각고의 노력이 필요했다.

회사의 비전은 뚜렷했기 때문에 바로 자금 조달을 위한 12주 계획을 세웠다. 지난 6개월간의 고생은 깨끗이 잊고 다가올 12주에 모든 걸 걸어 보기로 했다.

'하루가 곧 일주일이다!'라는 구호를 내걸고 첫 주에 100페이지 분량의 PPM 작성을 마쳤다. 이어서 법무팀에 검토를 의뢰한 지 일주일 만에 승인이 떨어졌다. 그때부터 본격적으로 에너지가 샘솟았다.

우리는 개인적으로 친분이 있는 사람들에게 모조리 연락을 취했다. 놀랍게도 투자 의향을 밝힌 사람이 꽤 많았고, 그 덕분에 10월 10일에 1차 투자를 마무리할 수 있었다.

투자자를 찾으며 만들어진 에너지는 제품을 개발할 때까지 이어졌다. 개별 프로젝트가 모두 각자의 12주 프로그램 하에 착착 진행되었다. 우리 회사의 속도감에 투자자와 임직원 들이 하나같이 놀라 주목할 정도였다.

훌륭한 계획에 훌륭한 실행이 따른다

국토를 가로지르는 자동차 여행을 한다고 상상해 보라. 그런데 내비게이션이 자꾸 엉뚱한 방향을 가리키고, 설명을 대강 뭉뚱그리고, 심지어 중요한 구간은 안내조차 하지 않는다면 어떨? 화가 나서 그 내비게이션 개발자를 한 대 후려치고 싶어지지 않을까. 아마 당장이라도 새로 내비게이션을 장착하든지 아니면 짜증이 난 채로 그냥 집에 돌아가고 말 것이다.

우스갯소리로 들리는가? 놀랍게도 수많은 사람이 이 못난 내비게이션처럼 잘못된 비즈니스 계획을 세우고 있다. 그동안 우리가 고객들을 지켜본 결과, 비즈니스 계획을 세우다 보면 언제나 중요한 단계를 누락하고, 시간이 많이 드는 복잡한 프로세스들을 하나의 전술로 묶어 버리며, 해야 할 일의 순서도 엉망으로 짜게 된다. 설상가상으로 목표를 달성하기 위해 무엇을 해야 할지 구체적으로 명시하는 고객은 드물며, 그저 아이디어만 나열해 놓고 계획을 다 세웠다고 하기 일쑤다. 마이애미에서 시카고까지 운전해서 가야 하는데 내비게이션이 "차에 타서 시카고 방향으로 이동하세요"라고만 안내해 주는 꼴이다. 여전히 이런 식으로 계획을 세우는 경우가 수두룩하다. 당연하게도 이런 계획은 실행으로 옮기기 어렵다.

단 12주 만에 원대한 목표를 이루고 싶다면 12주 계획을 똑바로 세워야 한다. 바꿔 말하면, 12주 계획에는 목표 달성을 위해 매주 무엇을 해야 하는지가 명시되어야 한다.

장기적 성장과 단기적 성과

우리는 계획을 세워 장기적으로 성장을 도모하는 동시에 단기적으로 성과를 낼 수 있다. 12주 계획을 세운다면 이 12주 동안 반드시 소기의 성과를 내겠다는 목표가 뒤따라야 한다. 예를 들어 12주짜리 비즈니스 계획을 세우면 해당 12주 기간에 일정 수준의 수익을 내겠다는 목표가 반드시 있어야 한다.

어떤 계획은 미래를 위해 역량을 강화하는 데 초점을 맞출 수도 있다. 이를테면 교육 참여하기, 인재 영입, 기술 업데이트, 새로운 시스템 구현 등을 목표로 삼는 것이다. 이처럼 미래를 바라볼 경우, 지금 당장 열성과 노력을 쏟아부어도 그 결실은 시간이 지나야 거둘 수 있다. 그러므로 12주 계획에는 12주 동안 성과를 낼 수 있는 활동이 반드시 포함되어야 한다.

효과적인 계획의 조건

목표 달성에 성공하려면 계획의 구조도 잘 짜야 한다. 좋은 계획은 좋은 목표에서 시작된다. 목표가 구체적이지 않거나 평가할 수 없으면 계획 역시 모호할 가능성이 높다. 12주 목표가 구체적이고 평가하기 쉬울수록 견고한 12주 계획을 수립하기도 쉬워진다.

12주 계획은 대개 두세 가지 목표를 토대로 수립된다. 예컨대 '체중 5킬로그램 감량하기'와 '신사업에서 10만 5,000달러 수익 올리기' 두 가지를 12주 목표로 잡았다고 가정해 보자. 그러면 각 목표마다 전술을 구상해야 한다. 체중 감량 전술은 실제로 목표 체중에 이르기 위한 구체적인 행동을 말한다. 이를테면 '하루에 1,200칼로리까지만 열량 섭취하기', '일주일에 세 번 유산소 운동 20분 이상 하기'가 전술이 될 수 있다. 이때 전술은 어떤 행동을 온전히 표현했다는 점에 주목하기 바란다. 목표와 전술을 어떤 문장으로 작성할지도 매우 중요한 문제임을 명심하라. 그럼 나머지 목표인 신사업에서 10만 5,000달러 수익 올리기에 대해서도 일련의 전술을 세워야 한다.

우선 목표와 전술을 작성할 때 도움이 될 다섯 가지 조건부터 살펴보자. 이 조건을 잘 따르면 더 효과적으로 12주 계획을 세울 수 있다.

조건 1. 구체적이고 평가하기 쉬워야 한다.
목표와 전술은 모두 그 성공을 숫자로 판단할 수 있어야 한다. 영업 전화를 몇 통 돌릴 것인가? 체중을 몇 킬로그램 감량할 것인가? 총 몇 킬로미터를 달릴 것인가? 수익을 얼마나 올릴 것인가? 구체적일수록 더 좋다.

조건 2. 긍정문으로 표현해야 한다.

같은 결과라도 긍정적인 면에 집중하라. 예를 들어 오류율 2%보다는 정확도 98%를 목표로 삼는 게 좋다.

조건 3. 현실적이어야 한다.

목표를 별달리 더 노력하지 않고도 이룰 수 있을 만하다면 더 대담하게 목표를 세워야 한다는 뜻이다. 반대로 누가 봐도 불가능한 목표를 세웠다면 조금 물러설 줄도 알아야 한다. 영업 사원을 예로 들어 보자. 기존 고객에게 새로운 고객을 소개해 달라고 부탁해 본 경험이 없다면 '고객을 만날 때마다 신규 고객 소개 부탁하기'는 너무 무리한 목표일 수 있다. '매주 1회 이상 기존 고객에게 신규 고객 소개 부탁하기' 정도가 현실적으로 도전할 만한 목표일 것이다.

조건 4. 책임을 할당해야 한다.

이 조건은 팀의 일원으로서 전술을 실행하는 사람에게 해당된다(홀로 비즈니스를 운영 중이라면 책임은 모두 자신의 몫이다). 팀의 목표와 전술은 각 팀원에게 적절히 할당되어야 한다. 모두의 도전은 그 누구의 도전도 아님을 명심하라.

조건 5. 기한을 포함해야 한다.

일을 시작하고 계속 진행하는 데 가장 큰 원동력은 기한이다. 기한이 꾸준히 긴박감을 조성해 주기 때문이다. 목표 달성 기한이나 전술 실행 기한을 반드시 명시하기 바란다.

지금까지 본 다섯 가지 조건에 조금 더 추가하자면, 전술은 행동을 온전하게 표현해야 하며 기한으로 정해 놓은 주에 실행할 수 있어야 한다. 다음 표로 12주 계획의 예시를 확인할 수 있다.

12주 목표

- 신사업에서 10만 5,000달러 수익 올리기
- 체중 5킬로그램 감량하기
- 캐롤과의 관계 개선하기

목표: 신사업에서 10만 5,000달러 수익 올리기

전술	기한
이번 12주 동안 최소 1만 달러 이상 규모로 성사될 만한 거래 파악하기	첫째 주
일주일에 고객사 최소 다섯 군데에 전화 돌리고 세 건 이상 미팅 잡기	매주
일주일에 신규 업체 최소 두 곳 이상과 약속 잡기	매주
잠재 고객별로 폴더 만들어서 향후 계획 정리하기	매주
거래 성사를 위해 매주 잠재 고객 관리하기	매주
매출 그래프를 그려 벽에 붙이고 매주 업데이트하기	매주
매주 결과를 검토하고 계획을 수정할지 말지 결정하기	매주

목표: 체중 5킬로그램 감량하기	
전술	**기한**
하루에 1,200칼로리 이하로 열량 섭취하기	매주
일주일에 세 번 20분 이상 유산소 운동 하기	매주
하루에 물 여섯 잔 이상 마시기	매주
일주일에 세 번 근력 운동 하기	매주
피트니스 클럽 등록하기	첫째 주

목표: 캐롤과의 관계 개선하기	
전술	**기한**
일주일에 한 번 단둘이 저녁 데이트 하기	매주

12주 계획 예시

12주 목표 수립하기

어딘가로 떠나고 싶다면 목적지부터 정하는 게 먼저다. 마찬가지로 효과적인 계획을 세우려면 구체적이고 평가 가능하도록 잘 작성된 12주 목표가 필요하다. 12주 목표라면 달성 시 그 결실을 누릴 수 있는 목표이자 달성 전과 큰 차이를 만들어 낼 목표여야 한다.

12주 목표는 비전과 12주 계획을 연결해 주는 다리와도 같다. 12주 목표는 현실적으로 달성 가능한 범위에 있어야 한다. 비현실적일 정도로 큰 목표는 오히려 의지를 꺾어 버릴 수도 있다. 반면 목표가 너무 소소하면 굳이 12주 프로그램을 따를 필요가 없다. 지금까지 해 온 방식만으로도 충분히 달성할 수 있을 테니 말이다.

이제 자기만의 12주 목표를 세울 시간이다. 이 12주 목표는 장기 비전과 방향성이 일치해야 하며 앞으로 12주간 위대함을 발현해야 한다. 먼저 이전의 12장으로 돌아가 장기 비전과 3년짜리 중기 비전을 다시 살펴보라. 이어서 지금부터 12주 동안 각 비전에 대해 어느 정도로 성과를 내고 싶은지 결정하라. 그렇게 12주 목표를 정하고 나면 글로 기록해 보자.

12주 목표

-
-
-
-
-
-

최고의 12주 목표는 현실적으로 달성 가능한 수준이면서도, 최선을 다하지 않으면 달성할 수 없어야 한다.

이번에는 12주 목표가 자신에게 왜 중요한지 생각해 보자. 목표를 달성하면 무엇이 달라질지 적어 보자.

12주 계획 작성하기

이제 12주 계획을 실제로 작성해 볼 시간이다. 12주 계획은 12주 목표를 달성하는 데 필요한 로드맵이다. 훌륭한 계획을 세우려면 앞으로 12주 동안 성과를 내고 싶은 목표 한두 가지에 집중해야 한다. 목표와 할 일의 개수가 적을수록 12주 계획을 실행하는 건 쉬워진다.

조지 패튼George Patton은 이렇게 말했다. "내일의 완벽한 계획을 기다리지 말고 오늘의 적당한 계획을 당장 실행하라." 계획의 구체적인 내용을 지나치게 분석할 필요도 없고, 계획이 완벽하지 않다고 걱정할 필요도 없다. 애초에 완벽한 계획이란 존재하지 않는다. 일단 적당히 좋은 계획을 세우고 나면, 전술을 실행해 보면서 어떤 전술이 효과적인지 파악해 계획을 수정해 나갈 수 있다.

기본적으로 계획을 수립하는 건 문제를 해결하는 것과 같다. 말하자면 하루하루의 성과로 어떻게 12주 목표에 가까워질 수 있을지에 대한 해답이 바로 12주 계획인 셈이다.

그럼 먼저 12주 목표부터 표에 적어 보자. 추가 목표가 있다면 각각 다른 표에 작성하면 된다. 목표가 하나뿐이어도 괜찮다. 그다음, 목표를 달성하기 위해 반드시 실행해야 할 일일 전술과 주간 전술을 정해 보자. 종이를 따로 준비해서 12주 동안 무슨 일을 할 수 있을지 전부 적은 뒤, 그중에 우선순위가 높은 순서대로 항목을 고르면 한결 수월할 것이다. '매일 운동하기'처럼 반복적으로 실행하는 전술도 좋고, '피트니스 클럽 등록하기'처럼 일회성 전술도 좋다. 실행하기로 결정한 전술은 어떤 행동을 할 건지 명확하게 서술해야 한다. 전술을 정했으면 마지막으로 각 전술을 몇째 주에 실행할지도 작성하자.

목표 1 :	
전술	실행 주간

목표 2 :

전술	실행 주간

목표 3 :

전술	실행 주간

12주 계획을 확정하기 전에 다음의 질문에 답해 보기 바란다.

실행하는 데 어려움을 겪을 만한 전술은 무엇인가?

154

....

....

....

....

생각 바꾸기

잘 수립된 계획이 없으면 실행이 제대로 이루어질 리 만무하다. 계획 수립 자체를 어떻게 생각하느냐에 따라 계획의 퀄리티와 12주 프로그램의 성패가 좌우되기도 한다. 잘못된 생각으로 계획 수립을 망치는 대표적인 예시를 몇 가지 살펴보자.

대다수 사람은 계획을 잘 짠 다음에 그에 맞춰 일을 해야 한다고 알고는 있다. 그런데 계획을 세워 놓고도 계획대로 실행해 본 경험이 별로 없다 보니, 굳이 시간을 내서 계획을 세워야겠다는 필요성을 느끼지 못한다. 지금도 비슷하게 생각하는 사람이 많을 것이다. 하지만 12주 계획은 여타 일반적인 계획과 다르다. 12주 계획에는 목표를 달성하기 위해 매주 어떤 전술을 실행해야 하는지가 잘 나타나 있다. 이 전술이 계획에 차이를 만들어 낸다. 일반적인 12개월 계획은 전술이 아니라 목표로 구성되며, 그런 목표를 실행한다는 건 불가능하다. 그러나 12주 계획을 이루는 전술은 얼마든지 실행할 수 있다.

계획을 세울 시간이 없다고 토로하는 사람도 많다. 하지만 이 역시 효과적인 계획 수립을 방해하는 잘못된 생각이다. 몇 년 전 나는 한 비공식 연구에 참여해 계획 수립이 우리에게 얼마나 큰 시간적 이득을 안겨 주는지 측정한 바 있다. 복잡한 업무를 처리하기에 앞서 계획을 세울 경우, 업무를 완수하는 데 드는 총시간이 20%나 줄어드는 것으로 드러났다.

팀에 적용하기

팀의 리더로서 12주 프로그램을 팀에 안착시킨다면 혁신적인 변화를 일으킬 수 있다. 팀원 모두가 각자 원대한 비전과 12주 목표를 가지고 있다고 상상해 보라. 심지어 그들이 12주 목표를 달성하기 위해 매주 꾸준하게 중요한 일을 처리한다면? 분명 이전과는 전혀 다른 팀이 될 것이다.

팀이 12주 프로그램에 빠르게 적응해서 뛰어난 성과를 내려면 리더의 역할이 중요하다. 이럴 때 리더가 할 수 있는 일 몇 가지를 살펴보자.

일단 팀원들에게 이 책을 권하라. 그리고 책에 있는 템플릿을 이용해 12주 목표와 계획을 직접 세워 보도록 하라. 팀원들이 목표와 계획을 세우고 나면 일대일 미팅으로 각자의 목표와 계획을 함께 살펴보면 된다. 논의 하에 목표나 계획을 수정해도 좋다. 이 미팅의 목적은 결국 리더로서 팀원들이 각자의 12주 목표를 달성할 수 있게 돕는 것임을 명심하라.

팀원과 일대일 미팅을 진행할 때는 우선 12주 목표를 주제로 대화를 시작하기 바란다. 이들이 목표에 주인의식을 가지고 있는가, 아니면 그저 관심이 있을 뿐인가? 목표가 적당히 현실적이면서도 도전 의식을 불러일으키는가? 이들은 진심으로 목표를 달성할 수 있다고 믿는가? 이런 점들을 파악하여 판단에 따라 목표 변경을 제안할 수도 있어야 한다. 이 과정에서 자칫 팀원의 주인의식이 약해질 수도 있기 때문에, 목표는 리더의 것이 아니라 여전히 팀원 각자의 것임을 상기시키는 게 좋다.

12주 목표를 점검하고 나면 12주 계획을 구성하는 전술들을 함께 살펴보면 된다. 이때는 목표와 전술의 개수를 최소화하도록 방향을 잡아 줄 필요가 있다. 정말 중요한 목표에만 집중하게 하고, 각 목표를 달성하는 데 반드시 필요한 전술만 계획에 포함시켜야 한다. 이번 장에서 목표와 전술을 잘 작성하기 위한 조건을 살펴보았으니, 이를 바탕으로 조언을 하면 팀원들의 계획을 개선하는 데 도움이 될 것이다.

▶ 팀 계획 세우기

팀의 리더로서나 구성원으로서 공동의 목표와 계획을 세워야 할 때도 있다. 공동의 팀 계획을 잘 세우면 구성원 각자가 계획을 세울 때보다 인력과 자원을 더 효과적으로 활용할 수 있다.

팀 계획을 세우는 과정은 개인의 계획을 세우는 과정과 크게 다르지 않다. 팀 전체가 목표와 계획을 함께 세워 간다는 점만 다를 뿐이다. 우선 12주 목표로 무엇이 좋을지 팀원들에게 의견을 구한 뒤, 최종적으로 목표를 확정할 때에도 다 함께 논의를 거쳐야 한다. 그래야만 팀원 모두가 한 팀으로서도 개인으로서도 목표에 주인의식을 가질 수 있다.

목표를 세웠으면 이제 각 목표를 이루는 데 필요한 전술을 구상할 차례다. 일단 모든 가능성을 열어 두고 아이디어를 브레인스토밍한 다음, 목표 달성에 정말로 필수적인 전술만 최소한으로 남기면 된다.

전술이 확정되면 전술 하나당 책임자를 한 명씩 지정하라. 전술 하나를 두고 실제로 여러 명이 작업을 해도 책임자는 한 명이어야 한다. 한 전술에 대해 온전히 한 명이 책임감을 가져야만 실행 과정이 더 원만해진다. 그런데 전술에 따라 여러 명의 팀원이 각자의 몫을 할당받아 완수하는 게 효과적일 때도 있다. 이를테면 팀 전술이 '매주 20회 잠재 고객과 미팅하기'이고 팀원이 네 명이라면, 개인 전술의 일환으로 한 사람당 5회의 잠재 고객 미팅을 맡길 수 있다.

팀 계획 수립에 도움이 될 조언 두 가지를 더 건네고자 한다. 첫째, 팀 역량을 과대평가하지 말라. 훌륭한 팀 계획은 간결해야 한다. 팀 목표 달성에 필요한 최소한의 전술로만 계획을 구성하기 바란다.

둘째, 전술을 무리하게 앞당기지 말라. 전술은 가능하면 12주 전체에 걸쳐 꾸준히 실행하는 게 바람직하다.

빠지기 쉬운 함정

다음의 다섯 가지 함정에 주의하기 바란다.

함정 1. 12주 계획이 장기 비전과 어긋난다.

12주 목표와 계획은 장기 비전과 방향성이 일치해야 한다. 즉 장기 비전의 연장선 위에 12주 목표와 계획이 있는 셈이다. 목표를 설정할 때는 목표가 비전과 동떨어져 있지 않은지 확인하기 바란다. 계획대로 12주 프로그램을 마치면 장기 비전에 얼마나 더 가까워질 수 있을지도 미리 파악해 두어야 한다.

함정 2. 집중이 분산된다.

12주 프로그램에 집중은 필수다. 목표를 지나치게 많이 설정하면 죄다 우선순위가 높아 보이고, 그러다 보면 전술 또한 너무 많아져 효과적으로 실행에 옮길 수 없다. 하고 싶은 모든 일에 똑같이 집중하기란 불가능하다. 진정 중요한 일을 잘 해내려면 비교적 대수롭지 않은 일은 떠나보낼 줄도 알아야 한다. 물론 그렇게 몇 가지 핵심적인 목표에만 집중하는 데에는 큰 용기가 필요할 것이다.

12주 프로그램에서는 12주마다 한 해가 시작된다는 사실을 명심하라. 12주라는 시간 동안에는 핵심 목표를 한두 가지만 정해 집중 공략해도 충분하다. 12주가 끝나갈 때쯤에는 다음 12주 프로그램에서 새롭게 집중할 한두 가지 목표를 떠올려 보자. 이렇듯 12주 프로그램은 단기간에 눈에 띄는 성과를 내기 위해 소수의 핵심 목표에만 집중하도록 고안된 프로그램이다.

함정 3. 필수적인 전술을 선별하지 못한다.

12주 프로그램을 시작하면 대개 목표 하나당 전술을 여덟 가지에서 열 가지 정도 떠올리기 마련이다. 그런데 이렇게 떠올린 전술들을 모두 실행할 필요는 없다. 전술을 최대한 많이 구상해 두면 도움이 되지만, 그렇다고 그 전술들을 모조리 실행해야 한다는 뜻은 아니다. 전술을 전부 실행에 옮기려 하면 오히려 목표 달성에 방해가 되기도 한다. 집중이 분산되기 쉬운 데다가 자칫하면 전술의 수에 압도당해 부담을 느낄 수도 있다. 물론 전술의 개수가 꼭 몇 개여야 한다고 정해진 법칙은 없다. 목표와 마찬가지로 전술 역시 적을수록 좋다는 것만 기억하자. 네 가지 전술만으로 목표를 달성할 수 있으면 그보다 더 많은 전술은 필요하지 않다. 일단 전술을 최대한 많이 생각해 낸 뒤, 거기서 필수적인 몇 가지만 잘 선별하기 바란다.

함정 4. 복잡한 계획을 세운다.

계획 세우기는 아주 어려운 일이다. 오죽하면 회사에도 전략과 계획을 전담하는 부서가 따로 존재하기도 한다. 하지만 12주 계획은 최대한 단순하게 세우는 게 좋다. 계획이 너무 복잡해지는 느낌이 든다면 실제로 그 계획은 복잡할 가능성이 높다. 목표의 개수는 물론이고, 각 목표를 달성하는 데 필요한 전술의 개수도 적게 유지하여 반드시 필요한 영역에 집중하도록 하자.

함정 5. 의미 없는 계획을 세운다.

자신에게 가장 중요한 목표를 중심으로 계획을 세워야지, 그렇지 않으면 실행 단계에서 동기부여가 약해질 수밖에 없다. 그런데 대다수 사람은 타인이 중요하게 여기는 목표를 중심으로 계획을 세우곤 한다. 계획을 실행하는 건 아주 어려운 일은 아니지만 그렇다고 꼭 쉽다는 법도 없다. 스스로에게 의미 있는 계획이 아니라면 실행에 반드시 어려움이 따른다. 진정으로 중요한 목표에 집중하여 계획을 수립하기 바란다.

14장

프로세스 관리하기

12주 프로그램은 비전을 세우는 데에서 출발한다. 비전은 원대한 장기 비전과 3년 뒤를 보는 중기 비전으로 나뉜다. 비전을 기반으로 일련의 12주 목표를 설정하며, 이 목표에 맞게 12주 계획까지 세우게 된다. 이제 프로세스 관리가 등장할 차례다.

마이크 타이슨Mike Tyson은 이렇게 말했다. "누구나 그럴싸한 계획을 가지고 있다. 턱에 펀치가 날아오기 전에는." 프로세스 관리에는 계획을 실행하는 데 도움이 되는 도구와 모임이 포함된다. 프로세스 관리와 함께라면 턱에 펀치를 맞아도 끄떡없이 계획을 실행할 수 있을 것이다.

의지력을 뒷받침하는 장치

비전과 계획만으로는 충분하지 않다. 지금보다 더 높은 수준의 성과를 내기 위해 목표와 계획을 세웠다면, 구체적인 전술은 대부분 여태껏 해 보지 않은 일일 것이다. 문제는 새롭고 낯선 일은 언제나 불편하게 느껴진다는 점이다. 변화가 어려운 이유 중 하나이기도 하다. 더 나은 결과를 만드는 데 필요한 전술을 파악하는 것과, 실제로 꾸준히 실행에 옮기는 건 전혀 다른 문제다. 구조적인 도움과 좋은 환경이 뒷받침되지 않는다면 오로지 자신의 의지력을 꾸준히 발휘하는 수밖에 없다. 그러나 여러 연구 결과에 따르면 의지력에는 반드시 피로가 수반되며, 우리 모두 경험해 보았듯이 의지력은 있다가도 없고 없다가도 있는 법이다.

그러니 힘이 닿는 만큼 성과를 내고 싶다면 의지력에만 매달려서는 안 된다. 이럴 때 프로세스 관리의 힘이 필요하다. 도구와 모임의 구조적인 도움으로 우리의 의지력을 고양하고, 때때로 의지력이 바닥날 때에도 어떻게든 다시 일어설 수 있다. 마이클 펠프스는 올림픽 역사상 가장 많은 금메달을 딴 최고의 수영 선수다. 그도 수영장과 체육관이 지긋지긋하게 느껴지는 날이 있었을 테지만 그런 날에도 연습을 게을리하지 않았다. 그렇게 할 수 있었던 이유는 수영장에 가지 않는 것보다 수영장에 가는 게 더 쉽고 마음이 편하도록 구조가 마련되어 있었기 때문이다. 위대한 사람이 되고 싶다면 펠프스가 그랬듯 구조적인 지원을 받아야만 한다. 그래야만 의지력이 떨어지는 날에도 계획을 충실하게 이행할 수 있다.

그럼 12주 프로그램을 돕는 구조적인 기반 두 가지를 살펴보자. 첫 번째는 주간 계획 세우기다.

주간 계획 세우기

주간 계획은 12주 계획을 일일 단위와 주간 단위로 실행하도록 돕는 강력한 도구다. 주간 계획으로 우리는 한 주를 체계적이고 집중력 있게 보낼 수 있다. 중요한 건 주간 계획을 그럴듯한 할 일 목록 정도로 여겨서는 안 된다는 점이다. 주간 계획은 목표를 달성하기 위해 그 주에 실행해야 하는 핵심 전략 활동으로 구성된다.

주간 계획은 12주 계획에서 파생된 것으로, 매주 그때그때 긴급한 일에 맞춰 세워지는 것이 아니다. 말하자면 주간 계획은 12주 계획에서 구상한 전술 중 해당 주에 반드시 완수되어야 하는 전술로 이루어진다. 따라서 주간 계획에는 전략적이고 중요한 활동만 자리할 수밖에 없다. 주간 계획이 12주 계획에서 파생되고 12주 계획은 장기 비전과 긴밀히 연결되므로, 주간 계획에 포함된 활동은 본질적으로 장기 비전 달성에 가장 중요한 일이 된다. 주간 계획대로 전술을 무사히 완수한다면 훌륭한 한 주를 보낸 것이지만, 반대의 경우라면 한 주를 고스란히 날린 셈이다. 뚜렷한 주간 계획을 가지고 한 주 한 주를 소중히 보내면 목표를 달성할 수 있음은 물론이고 인

위대한 사람이 되고 싶다면
펠프스가 그랬듯
구조적인 지원을 받아야만 한다.
그래야만 의지력이 떨어지는 날에도
계획을 충실하게 이행할 수 있다.

생을 송두리째 바꿀 수도 있다.

다음 표는 주간 계획 예시다. 예시를 보면 12주 목표 세 가지가 있고, 각 목표마다 해당 주에 실행해야 할 전술이 적혀 있다. 주간 계획에 적힌 할 일은 워낙 중요하기 때문에 주간 계획을 출력해 일정을 정리하는 것을 강력히 추천한다. 이렇게 하면 어떤 요일에 무슨 일을 할지 관리하기 쉬우며, 결국 주간 계획에 적힌 모든 전술을 완수할 가능성이 높아진다.

6주차 계획ー점수 : 0
목표: 신사업에서 10만 5,000달러 수익 올리기
일주일에 고객사 최소 다섯 군데에 전화 돌리고 세 건 이상 미팅 잡기
일주일에 신규 업체 최소 두 곳 이상과 약속 잡기
거래 성사를 위해 매주 잠재 고객 관리하기
매출 그래프를 그려 벽에 붙이고 매주 업데이트하기
목표: 체중 5킬로그램 감량하기
하루에 1,200칼로리 이하로 열량 섭취하기
일주일에 세 번 20분 이상 유산소 운동 하기
하루에 물 여섯 잔 이상 마시기
일주일에 세 번 근력 운동 하기
목표: 캐롤과의 관계 개선하기
일주일에 한 번 단둘이 저녁 데이트 하기

주간 계획은 효과적인 실행을 위한 디딤돌이다. 주간 계획을 세우면 12주 목표를 달성하기 위해 매주 무슨 일을 해야 하는지 알 수 있다.

혼자보다는 함께하기

프로세스 관리의 두 번째 요소는 동료의 도움이다. 2005년 5월, 잡지 『패스트컴퍼니 Fast Company』에는 「변하느냐 죽느냐 Change or Die」라는 제목의 흥미로운 글이 실렸다. 중증 질환을 앓고 있어 생활 습관을 바꿔야만 연명할 수 있는 환자들의 이야기였다. 이들을 대상으로 한 연구에 따르면, 안타깝게도 불과 12개월 만에 환자 중 90%가 과거의 생활 습관을 버리지 못하고 되돌아갔다. 사실상 스스로 사형 선고를 내린 셈이었다. 이처럼 죽음이 임박한 사람들도 대다수가 생산적인 선택을 꾸준히 이어 가는 데 실패했다.

그런데 이들보다 7배 가까이 높은 성공률로 생활 습관을 바꾼 그룹도 있었다. 다른 점이라면 이 그룹에 속한 환자들은 서로를 격려하고 돕는 모임에 참여했다는 것이었다. 그 결과 성공률이 거의 80%에 이르렀다. 이런 모임에 참여하지 않은 환자들은 고작 10%의 성공률을 보였다. 이 수치를 보면 NBA 팀 샬럿 호네츠의 구단주 조지 쉰 George Shinn의 말이 떠오른다. "자수성가하는 사람은 없다. 다른 사람의 도움을 받아야만 목표에 도달할 수 있기 때문이다." 성공률이 80%였던 그룹은 정기적으로 모임에 참가해 각자 그동안의 성과와 고민, 어려움을 나누고 서로를 응원했다. 그 덕분에 예전의 생활 습관으로 되돌아가지 않을 수 있었다. 이 결과에서 우리는 변하고 싶다면 혼자보다는 함께해야 한다는 교훈을 얻을 수 있다. 다른 사람의 도움을 받으면 목표를 달성할 가능성이 무려 7배나 높아지니 말이다.

지난 10년간 수천 명에 달하는 고객을 만나면서 우리는 이 연구와 비슷한 결과를 경험했다. 동료와 정기적으로 모임을 가지는 고객은 성과가 좋아진 반면 그렇지 않은 고객의 성과는 지지부진했다. 목표 달성에 헌신적인 사람 두 명에서 네 명 정도와 함께 모임을 가져 보라. 우리는 이 모임을 주간 책임 모임WAM, Weekly Accountability Meeting이라고 부른다. 주인의식으로서의 책임을 다룬 7장을 잘 읽었다면 이 모임의 성격을 짐작할 수 있을 것이다. WAM은 서로에게 책임을 묻는 모임이 아니라, 각자 계획을 꾸준히 실행할 수 있도록 책임감을 키우는 모임이다.

WAM은 프로세스 관리의 핵심이다. WAM은 주로 월요일 아침에 15분에서 30분 정도 짧게 진행되며, 이때 멤버는 각자 주간 계획을 완성한 채로 모임에 임해야 한다. 이 모임은 다른 사람에게 무언가 책임을 묻거나, 부정적인 에너지를 전파하거나, 진도가 부진한 사람을 꾸짖는 자리가 아니다. 12주 프로그램을 진행하는 동안 목표 달성까지 문제없이 나아가고 있는지 파악하는 자리이자, 서로 집중력과 의지를 북돋고 계획대로 꾸준히 실행하도록 독려하는 자리이다.

일반적으로 WAM은 다음과 같은 표준 안건을 따른다. 물론 실행에 중점을 두기만 한다면 안건은 얼마든지 바꿔도 좋다.

주간 책임 모임 안건

1. 개인 상황 공유 : 각 멤버는 목표에 얼마나 집중하고 있고 계

획을 얼마나 잘 실행하고 있는지 공유한다. 다음 네 가지 항목에 초점을 맞추면 좋다.

    a. 12주 프로그램의 현재 진척도

    b. 주간 실행 점수

    c. 이번 주 주간 계획

    d. 다른 멤버의 피드백 및 제안

  2. 효과적인 방법 공유 : 지금까지 12주 프로그램에 도움이 되었던 도구나 기법을 공유하고, 다른 멤버들이 이를 어떻게 활용하면 좋을지 논의한다.

3. 격려 시간

모임의 진행 방식은 간단하다. 일단 멤버들이 돌아가면서 각자의 상황을 공유한다. 현재까지 12주 프로그램이 얼마나 잘 진행되고 있는지부터 이야기하는 게 좋다. 계획대로 흘러가는 중인지, 계획보다 진도가 더 빠른지 또는 계획보다 뒤처져 있는지 판단해 보자. 다음으로는 지난주의 주간 실행 점수를 밝힐 차례다(어떻게 점수를 계산하는지는 15장에서 살펴보겠다). 더불어 이번 주 주간 계획을 공유하여 실행 의지를 다지기 바란다. 이어서 다른 멤버들이 질문을 하거나 축하의 말을 건네게 된다. 이때 좋은 피드백과 제안을 많이 받으면 도움이 될 것이다. 모든 멤버가 개인 상황을 공유하고 나면 잠깐 시간을 내서 각자 유용하게 활용하고 있는 도구나 기법을 공유해 보라. 내가 알려 준 팁이 다른 멤버의 목표와 계획에도 도움이 될 수 있다. 마지막으로 모든 멤버가 이번 주도 생산적으로 보낼 수 있도록 격려하면서 모임은 마무리된다.

여기서 레즐리 릴젠버그의 사례를 소개하고자 한다. 그녀는 팀의 일과 시간을 개선하기 위한 출발점으로 WAM을 활용해 성공적인 결과를 얻었다.

12주 프로그램으로 우리 팀은 하루의 소중함을 더욱 절실하게 느끼게 되었다. 이 프로그램을 처음 시작하면서 나는 모든 팀원에게 각자의 관심 분야를 지정하도록 했다. 그리고 자신의 분야에서 더 성장하기 위한 실행 계획을 스스로 세우도록 했다. 12주 프로그램의 한 주기가 끝나면 각자의 분야에서 얼마나 성장했는지 평가했으며, 그 평가 결과에 따라 다음의 12주 목표와 계획을 조정했다.

모든 걸 통틀어 우리 팀에 가장 도움이 되었던 건 WAM이다. WAM에서 주 단위로 성과를 평가하고 나니, 팀원들은 자신이 시간을 어떻게 활용하고 있는지 면밀히 파악하게 되었다.

나아가 우리는 각자 시간을 어떻게 활용하는지에 집중하여 하루를 보내자고 결정을 내렸다. 이렇게 해 보니 우리 팀이 어디에서 어떻게 시간을 낭비하고 있는지 깨달을 수 있었다. 소요 시간 대비 생산성이 낮은 업무가 무엇인지도 자연스럽게 알게 되었다. 어려운 결정이었지만 시간만 잡아먹는 업무는 과감히 정리해 버렸다. 매주 팀이 한자리에 모여 진행 상황을 검토했기 때문에 가능한 일이었다.

연간 사고방식에서 벗어나니 목표 수치를 더 빨리 달성할 수 있다는 자신감이 생겼다. 그리고 WAM 덕분에 실제로 훌륭한 결과를 얻었다. 리더라면 팀의 12주 프로그램이 순조롭게 진행되고 팀원들이 비전과 12주 계획에 전념하도록 도와야 한다. 이런 책임을 다하고 싶은 리더가 있다면 내가 건넬 조언은 이것뿐이다. WAM을 활성화하고 계획을 충실하게 지켜라. 그러면 12주 프로그램은 저절로 잘 돌아갈 것이다.

주간 루틴 따르기

12주 목표를 달성하기 위한 유일한 방법은 계획된 일을 하루도 빠짐없이 실행하는 것이다. 이때 활용하기 좋은 것이 바로 주간 루틴이다. 주간 루틴은 세 단계로 구성되며, 사실 그중에 두 단계가 각각 주간 계획과 WAM이다. 주간 루틴을 따르는 건 그리 어렵지 않다. 그럼에도 그 효과가 아주 강력해 주간 계획을 실행하고 목표를 달성하는 데 큰 도움이 된다.

주간 루틴은 다음의 세 단계로 구성된다.

1단계. 주간 점수 매기기
2단계. 주간 계획 세우기

3단계. WAM 참석하기

1단계. 주간 점수 매기기 : 주간 점수표를 활용하면 12주 프로그램에서 얼마나 계획대로 실행을 잘하고 있는지 효과적으로 평가할 수 있다. 주간 점수야말로 현재까지의 성과를 드러내는 가장 강력한 지표인 것이다. 주간 루틴의 한 단계로서 매주 시간을 내어 지난주에 전술 실행을 얼마나 잘했는지 평가해 보자. 점수를 계산하는 자세한 방법은 15장에서 살펴볼 테니, 지금은 주간 점수를 매기는 일이 주간 루틴의 필수 단계라는 사실만 알아 두면 된다.

2단계. 주간 계획 세우기 : 지금까지 주간 계획을 세우고 그 계획을 따르는 것이 얼마나 중요한지 알아보았다. 어떤 툴을 사용하든 12주 계획을 참고해 반드시 주간 계획을 세우고 한 주를 시작해라.

매주 15분 정도는 할애하여 주간 점수를 매기고 주간 계획을 세우기 바란다. 우리 고객 중에도 70% 정도는 월요일 아침마다 이 작업부터 처리한다. 나머지 30%는 금요일 오후와 월요일 오전 사이 적당한 시간을 활용하는 편이다. 사실 무슨 요일에 하고 몇 시에 할지는 중요하지 않다. 중요한 건 주간 점수를 매기고 주간 계획을 세우는 일을 매주 꾸준히 시간을 내서 해야 한다는 것이다.

3단계. WAM 참석하기 : 앞서 설명했듯이 마음이 맞는 동료 몇명과 정기적으로 모임을 갖고 교류하면 목표 달성 확률을 크게 높일 수 있다. 누구와 매주 WAM을 함께하고 싶은지 후보를 추린 다음, 그들에게 연락해 정기적으로 만날 요일과 시간을 정하면 된다. 오프라인이 좋을지 온라인이 좋을지도 결정해야 한다. 멤버가 확정되면 각자 캘린더에 WAM 일정을 반복 이벤트로 입력해 두라고 요청하는 게 좋다.

주간 루틴의 세 가지 단계는 성과를 향상시키는 토대가 되어 줄 것이다. 주간 루틴은 따르기 쉽다. 물론 따르지 않는 게 훨씬 더 쉽다. 진심으로 목표를 달성하고 싶다면 굳은 의지를 가지고 주간 루틴을 철저히 지키기 바란다.

생각 바꾸기

많은 사람이 자신은 무엇을 해야 할지 알고 있으니 주간 계획이 딱히 필요하지 않다고 생각한다. 하지만 수많은 연구 그리고 수많은 고객 사례로 미루어 보면 잘못된 생각일 가능성이 높다. 머릿속으로만 계획을 떠올려 봤자 계획을 눈이 보이게 직접 써 보는 것만큼 효과적일 수는 없다. 고객들을 지켜본 결과, 계획을 실제로 작성하면 머릿속으로 생각할 때보다 실행에 옮길 확률이 60%에서 80%까지 증가했다.

계획을 작성하면 모호함이 사라지고 투명성이 남는다. 어떤 이들은 이러한 투명성이 고통스러울 정도로 불편해서 온갖 쓸데없는 생각만 펼치며 계획 작성을 주저하기도 한다. 이를테면 '뭘 해야 하는지 다 알고 있으니까 굳이 계획을 손으로 쓸 필요는 없지'라거나, '지금 내게는 융통성이 필요해. 철저하게 계획을 세워 두면 오히려 족쇄가 될 거야'라거나, '바빠 죽겠는데 계획 세울 시간이 어딨어'라고 생각하는 것이다. 물론 이런 생각은 모두 개인적인 책임을 회피하려는 핑계에 불과하다.

WAM에 대해서도 비슷하게 편협한 사고를 가진 사람들이 있다. 도저히 시간을 낼 수 없다고만 하거나, 의지가 약한 사람이나 그런 모임에 참석하는 것이라며 허튼소리를 일삼는다. 이러한 생각과 발언은 투명성과 책임을 얼마나 마음속 깊이 두려워하는지 드러내는 증거일 뿐이다.

주간 계획을 세우고 그 계획에 따라 움직이는 것, 모임으로 동료들과 주기적으로 교류하는 것 모두 더 큰 성공에 이르는 효과적인 방법이다. 주간 계획이나 WAM 없이도 성공할 수 있다는 생각은 크나큰 착각이다. 인생에 남은 시간을 최대한 활용하고 싶다면 잘못된 마음을 바로잡고 주간 루틴의 도움을 누려 보자.

팀에 적용하기

12주 프로그램을 도입하면 팀의 문화 자체가 바뀌게 된다. 포드

와 크라이슬러 두 회사의 CEO를 역임했던 리 아이아코카Lee Iacocca
는 리더의 속도가 곧 팀의 속도라고 했다. 리더가 어떻게 대화를 하
고 행동하는지, 그리고 리더가 무엇에 집중하는지에 따라 팀의 문
화는 다르게 형성된다. 12주 프로그램 역시 팀 문화의 일부다. 12주
프로그램이 조직의 새로운 운영 방식으로 잘 녹아들어 원하는 성과
가 나게 하려면 리더로서 먼저 말과 행동을 달리해야 한다.

다시 강조하지만 리더의 말과 행동이 팀의 문화를 결정한다. 리
더가 12주 프로그램을 잘 이해하고 적극적으로 활용할 줄 알아야
팀원들도 12주 프로그램을 온전히 받아들여 좋은 성과를 낼 수 있
다. 리더는 팀원에게 기대하는 바를 몸소 나서서 실천해야 한다. 우
선 본보기가 되어 주간 루틴을 따라 보자. 매주 주간 점수표와 주간
계획을 작성하고 WAM에 참석하면 된다.

그다음에는 팀원들이 잘 따라오는지 개별적으로 점검하라. 매주
주간 점수를 매기고 주간 계획을 세우고 있는지, WAM에 적극적으
로 참여하고 있는지 체크할 필요가 있다. 분명 어려움을 겪는 팀원이
눈에 보일 텐데 이들은 자칫하면 주간 루틴 지키기를 포기해 버릴 수
도 있다. 이렇게 중도 이탈하는 것만큼은 반드시 막아야 한다. 이럴
때일수록 팀원들이 포기하지 않도록 리더십을 발휘하고 격려를 아
끼지 말자. 적어도 한 달에 한 번은 공식적인 일대일 미팅 시간을 마
련해 팀원과 함께 주간 계획과 주간 점수표를 살펴보기 바란다.

가끔은 팀원들의 WAM에 참석해 조언과 응원의 말을 전해 줄 수
도 있다. 리더는 긍정적인 태도를 유지하는 게 좋다. 팀원이 빠르게

성과를 냈다면 이를 인정하고 치하함으로써 앞으로도 꾸준히 실행에 집중할 수 있도록 하라.

빠지기 쉬운 함정

다음과 같은 함정에 빠지면 성공을 놓치기 쉽다.

함정 1. 주간 계획 세우기를 빼먹는 주가 생긴다.

한 주를 힘차게 시작하면 그만큼 추진력이 생기고 일주일 내내 생산성을 유지하기도 좋다. 하지만 누구나 월요일에는 스트레스를 받기 마련이다. 월요일부터 뒤처지는 느낌이 들면 주간 계획을 세우지 않은 채 업무에 정신없이 뛰어들어 메일부터 확인하고 아직 처리하지 못한 일을 살펴보게 된다.

다짜고짜 일을 시작하는 것 외에도 주간 계획 세우기를 방해하는 요소는 많다. 특히 다음과 같은 부정적인 마음가짐을 조심해야 한다.

- **'시간이 없어'** : 너무 바쁜 나머지 주간 계획 세우기를 나중으로 미루는 경우가 많다. 그러나 '나중'은 절대 오지 않는다.
- **'꼭 주간 계획을 세워야 하나?'** : 자신이 특별한 존재이며 주간 계획 없이도 한 주를 알차게 보낼 수 있다는 흔한 착각이다. 일주일이 얼마나 덧없이 흘러가는지 직접 느껴 보기 바란다.

- **'내가 경력이 얼만데'** : 주간 계획은 신입 사원들이나 작성하는 것이며, 이미 경력이 쌓인 사람에게는 필요 없다고 생각한다.
- **'이번 주에 해야 할 일이 무엇인지 다 안다니까'** : 무엇을 해야 하는지 이미 알고 있어서 굳이 계획을 작성하지 않아도 된다고 생각한다.
- **'너무 불편하고 부담스러워'** : 주간 계획에서 불편함과 부담감을 느끼는 사람도 있다. 주간 계획을 세워 두면 계획대로 일이 진행 중인지 파악하기가 쉽다. 반대로 계획을 내팽개치고 있다면 불편함을 느끼기도 쉬울 것이다.

함정 2. 모든 할 일을 주간 계획에 포함시킨다.

일주일 동안 할 일이 낱낱이 주간 계획에 들어갈 필요는 없다. 12주 계획상 각 주에 끝내기로 한 핵심 전술만으로 주간 계획을 구성해도 충분하다. 그 외의 할 일 목록이나 회신하기로 한 연락처 목록은 별도로 관리하기 바란다. 일과 시간 동안 소소하게 처리하는 업무를 주간 계획에 포함시키면 핵심 전술의 중요도가 희석될 수 있다. 주간 계획에는 전략적으로 중요한 업무나 약속만 담겨 있어야 한다.

함정 3. 매주 똑같은 주간 계획을 반복한다.

매주 똑같은 일상이 반복된다고 생각한 나머지 한 가지 주간 계획을 12주 내내 사용하는 사람도 많다. 12주 동안 한 주 한 주가 크게 다르지 않아 보일 수는 있으나, 그렇다고 해서 우리가 매주 똑같은 일만 반복하면 된다는 것은 아니다. 정말 예외적으로 12주 내내 일주일이 비슷하게 흘러가더라도 5~10분만 투자해서 주간 계획을 세워 보면 분명 커다란 수확이 있을 것이다.

함정 4. 계획되지 않은 새로운 전술을 추가한다.

주간 계획은 근본적으로 12주 계획의 12분의 1 조각임을 명심하라. 가끔 주간 계획에 새로운 전술을 추가할 수야 있지만 이런 일이 자주 일어나서는 안 된다. 만약 새로운 전술이 떠올랐다면 우선 12주 계획에 추가한 뒤 기한을 고려해 자연스럽게 주간 계획에 포함되도록 해야 한다. 그래야만 전략적으로 중요하지 않은 일에 공연히 시간과 노력을 들이는 불상사가 생기지 않는다.

함정 5. 주간 계획과 무관하게 하루를 보낸다.

주간 계획을 세웠다면 당연히 계획에 따라 필요한 일을 매일매일 실행해야 한다. 하루를 시작할 때마다 주간 계획을 확인하고, 퇴근 직전까지도 틈틈이 계획대로 하루를 보내고 있는지 점검하라. 주간 계획을 안내서 삼아 하루를 보내면 성과가 획기적으로 향상될 것이다.

함정 6. 주간 계획을 루틴화하지 않는다.

누구나 각자의 루틴을 가지고 있다. 매일 어떤 루틴을 따르느냐가 성공과 실패를 가른다. 지금 당장 주간 루틴을 일상에 적용하라.

15장

평가하기

평가는 실행 프로세스를 촉진하는 과정이자, 상황을 현실적으로 판단하도록 돕는 시금석이다. 효과적인 평가는 선행 지표와 후행 지표를 모두 포함한다. 두 종류의 지표로 종합적인 피드백이 제공되기 때문에, 우리는 실행하고 있는 일이 효과적인지 정보에 근거해 판단할 수 있으며 이를 바탕으로 의사 결정을 한다.

5장에서 이미 설명했듯 후행 지표는 최종 결과를 뜻하며, 따라서 12주 목표야말로 궁극적인 후행 지표라 할 수 있다. 이때 선행 지표는 목표 달성에 얼마나 근접하고 있는지를 나타내야 한다.

선행 지표는 주로 초기 실행 단계에 확인할 수 있으며, 선행 지표가 무엇인지에 따라 후행 지표도 달라지기 마련이다. 대다수 사람이 후행 지표를 관리하는 데에만 익숙한데, 사실 우리가 성장할 수 있는 기회는 선행 지표에서 찾아야 한다.

각자의 목표에 적합한 선행 지표가 무엇인지 고민해 보자. 예를 들어 5킬로그램 체중 감량이 목표라면 체중 5킬로그램은 후행 지표다. 12주 프로그램이 끝날 때 목표 달성 여부를 최종적으로 판단할 수 있기 때문이다. 이때 선행 지표로는 일일 칼로리 섭취량이나 주간 칼로리 섭취량을 선정할 만하다. 그 외에도 몇 킬로미터 뛰었는지, 수영장을 몇 바퀴 돌았는지, 계단을 몇 층이나 올랐는지 등 주간 운동량을 선행 지표로 삼아도 좋다. 이처럼 후행 지표 하나에 무수히 많은 선행 지표를 떠올릴 수 있다. 어떤 지표를 측정하기로 결정하든 12주에 걸쳐 매주 진척도를 평가하고 기록해야 한다.

일반적으로 평가는 자주 할수록 좋다. 이를테면 분기 평가가 연간 평가보다 더 효과적이다. 연간 평가를 하면 말 그대로 12개월에 한 번 피드백을 제공하는 셈인데, 그러면 현재 내가 하는 일이 생산적인지 아닌지 1년 내내 알지 못한 채로 시간을 보내게 된다. 역량을 기르고 더 좋은 성과를 얻고 싶은 사람에게 1년에 한 번은 턱없이 부족하다. 피드백은 자주 제공될수록 좋다. 그렇다면 분기 평가보다 월간 평가가 더 나을 테고, 월간 평가보다 주간 평가가 더 나을 것이며, 주간 평가보다 일일 평가가 더 도움이 될 것이다.

12주 프로그램에 임하게 되면 당연히 12주 목표를 세워야 한다. 따라서 12주 뒤에 확인 가능한 후행 지표가 적어도 하나는 확보된다. 그 외에 월 단위, 주 단위 또는 일 단위로 측정하는 선행 지표를 설정해 두면 좋은 결과를 기대할 수 있을 것이다.

이 시점에서는 이미 12주 목표와 12주 계획을 세워 두었을 테니, 이제 각 목표마다 선행 지표와 후행 지표를 정해 볼 차례다. 아직 12주 목표와 12주 계획이 없다면 우선 목표와 계획을 세운 뒤 돌아오기 바란다.

12주 목표 #1 선행 지표와 후행 지표

-
-
-

12주 목표 #2 선행 지표와 후행 지표

-
-
-

12주 목표 #3 선행 지표와 후행 지표

-
-
-

이 지표들은 반드시 매주 측정하고 기록해야 한다. 스프레드시트나 문서 프로그램의 표 기능을 활용하면 지표를 꾸준히 기록하고 모니터링하기 좋다. 5장에서도 말했듯 가장 효과적인 선행 지표는 주간 계획의 이행률이다. 매주 계획된 전술의 85% 이상만 실행해도 12주 목표를 달성할 가능성이 높다.

다음 표는 주간 점수표 예시다. 이때 우리가 매주 측정해야 하는 건 전술을 얼마나 실행했는지이며 결과는 평가 대상이 아니다. 결과에 관계없이 지난주에 실행한 전술에 체크 표시를 하거나 실행한 전술의 개수를 기록하면 된다.

그럼 체중 감량 예시로 다시 돌아가 보자. 목표는 12주 동안 5킬로그램을 감량하는 것이다. 핵심 전술은 다음과 같다.

- 일주일에 세 번 20분 이상 유산소 운동 하기
- 일주일에 세 번 근력 운동 하기
- 하루에 물 여섯 잔 이상 마시기
- 하루에 1,200칼로리 이하로 열량 섭취하기

6주차 전술 실행 체크하기
목표: 체중 5킬로그램 감량하기
~~하루에 1,200칼로리 이하로 열량 섭취하기~~
~~일주일에 세 번 20분 이상 유산소 운동 하기~~
~~하루에 물 여섯 잔 이상 마시기~~
일주일에 세 번 근력 운동 하기

목표: 신사업에서 10만 5,000달러 수익 올리기
~~일주일에 고객사 최소 다섯 군데에 전화 돌리고 세 건 이상 미팅 잡기~~
~~일주일에 신규 업체 최소 두 곳 이상과 약속 잡기~~
~~거래 성사를 위해 매주 잠재 고객 관리하기~~
매출 그래프를 그려 벽에 붙이고 매주 업데이트하기

목표: 캐롤과의 관계 개선하기
일주일에 한 번 단둘이 저녁 데이트 하기

주간 점수표로 지난주에 실행 완료한 전술의 비율을 알 수 있다. 평균적으로 85% 이상의 전술을 완수하면 12주 목표를 달성할 가능성이 높다.

평가를 위해 매주 몸무게를 재고 기록한다. 물론 몸무게는 후행 지표이기 때문에 선행 지표라 할 수 있는 전술의 실행 현황도 평가가 필요하다. 이 경우 실행 점수는 전체 전술 대비 완료한 전술의 비율을 퍼센트로 나타내면 된다. 예를 들어 전술 네 개 중에 세 개를 완료했다면 주간 실행 점수는 75%다.

결과와 실행은 별개로 평가해야 한다. 이를테면 이번 주에 1킬로그램 감량에 성공했어도 막상 실행 점수는 75%에 불과할 수도 있다. 결과는 후행 지표에만 해당하므로 선행 지표에도 골고루 주의를 기울이는 게 좋다. 즉, 1킬로그램을 감량했어도 실행의 관점에서 75%는 그리 만족스럽지 않은 점수다. 다음 주에는 실행 점수를 높여야만 최종 목표에 더 가까워질 수 있다.

생각 바꾸기

특히 평가에 관해서라면 대다수 사람에게 지대한 사고의 전환이 필요하다. 전환은 두 단계로 이루어진다. 첫 번째 단계는 평가를 회피하지 않고 받아들이는 것이다. 누구나 평가를 두려워하고 피하고 싶어 한다. 평가는 차갑고 매정하며 심지어 가혹할 때도 있기 때문이다. 평가는 불가피한 방해 요소를 감안해 주지도 않고 그 어떤 변명도 용납하지 않는다. 나쁜 평가를 받으면 지금까지의 노력이 모두 헛수고가 되는 것만 같다. 그러나 목표를 향해 똑바로 나아가고 있는지 파악하려면 평가가 반드시 필요하다. 평가 없이는 생산성을 높이기 위해 계획에 어떤 조정을 가해야 하는지도 알 수가 없다. 결국 평가를 하지 않으면 목표를 달성하는 것도 사실상 불가능한 셈이다.

두 번째 단계는 결과보다 행동에 집중하는 것이다. 결과를 바꾸는 것보다 행동을 바꾸는 게 더 쉽다는 사실을 명심하라. 게다가 결과는 행동에서 비롯되므로 행동을 바꾸면 결과도 바꿀 수 있다. 주간 계획과 주간 점수표는 모두 결과보다 행동에 초점을 맞춘다. 주간 점수표만 해도 목표 달성에 필요한 일을 얼마나 잘 실행했는지 기록한다. 따라서 주간 점수표야말로 미래의 목표 달성 여부를 예측할 수 있는 가장 정확한 지표다. 일일 단위와 주 단위로 정해 놓은 전술들을 꾸준히 실행했다면 결과는 저절로 따라올 것이다. 즉, 최종 결과보다는 매일매일 어떤 일을 실행에 옮기느냐가 더 중요하

"

주간 계획과 주간 점수표는
모두 결과보다
행동에 초점을 맞춘다.

"

다. 그렇기 때문에 주간 점수표에도 결과가 아닌 전술의 실행 여부를 기록하는 것이다.

팀에 적용하기

리더가 평가를 어떻게 생각하고 어떤 방식으로 진행하는지에 따라 팀의 생산성과 성과가 달라진다. 문제는 평가로 책임을 물을 수 있다고 오해하는 리더가 너무 많다는 것이다. 이런 리더는 팀원에게 부정적인 영향을 끼친다. 팀원의 평가 결과가 좋지 않을 때 이를 구실로 책임을 묻게 되면, 팀원은 어떻게든 평가를 피하고 리더에게도 거리를 둘 것이다. 당연히 팀의 생산성과 성과도 저하될 수밖에 없다.

리더의 문제로 팀 전체가 평가를 부정적으로 인식하기 시작하면, 팀원은 하나둘 평가를 피하고 심지어는 공개적으로 거부 의사를 밝히기도 한다. 평가를 '책임 묻기'의 수단으로 여겨서는 안 된다. 평가는 그저 피드백일 뿐이다. 12주 프로그램 중에 어디에 문제가 발생했는지, 계획은 순조롭게 진행되고 있는지, 원하는 결과를 얻었는지 등을 파악하기 위한 피드백 시스템인 것이다. 평가는 이런 식으로 받아들이고 활용해야 한다. 그래야만 피평가자의 반발이나 여타 소모적인 논쟁을 줄이고 현실을 직시하여 목표 달성에 가까워질 수 있다.

물론 팀원이 스스로를 평가하는 게 가장 이상적이다. 팀원이 자신의 핵심 지표를 평가하고 기록하는 일을 리더에게 계속 맡기고만 있다면, 스스로 비전과 목표에 주인의식을 가지지 않은 상태일 가능성이 높다. 목표에 진심으로 헌신한다면, 그리고 목표 달성을 향한 열망이 강하다면 진행 상황을 직접 체크하려고 하지 않겠는가. 자신만의 지표를 평가하고 기록하는 팀원이 있다면 그 팀원의 주인의식에는 의심의 여지가 없다.

팀에 12주 프로그램이 도입되었다면 모든 팀원은 각자의 선행 지표와 후행 지표를 설정하여 이를 열심히 평가하고 기록해야 한다. 지표의 개수는 그리 많지 않아도 된다. 각 팀원에게 의미 있는 피드백을 제공할 만한 핵심 지표 몇 가지면 충분하다.

12주 프로그램은 그 자체로 팀을 더 나은 방향으로 이끌 수 있는 '코칭 플랫폼'이다. 12주 프로그램과 함께라면 팀원들이 더 뛰어난 성과를 더 꾸준히 내도록 효과적으로 지도할 수 있다. 그중 하나가 바로 주간 점수표다.

리더 입장에서는 팀원의 주간 실행 점수가 궁금할 수밖에 없다. 팀원의 계획을 세세하게 알지 못하더라도 주간 실행 점수로 목표 달성 가능성을 가늠할 수 있기 때문이다. 주간 실행 점수를 슬쩍 물어보기만 해도 현재 어려움을 겪는 팀원이 누구인지 파악 가능하다. 특히 한 주라도 점수가 60% 미만인 팀원이 있다면 도움이 필요할지도 모른다. 물론 한 주 정도 60%보다 낮은 점수가 나온다고 해서 12주 프로그램이 실패로 돌아가지는 않는다. 하지만 60%보다 낮은 점수는 일종의 경고 신호로, 이 팀원이 12주 목표를 수월하게 달성하려면 어느 정도 개입이 필요하다는 뜻일 수 있다.

빠지기 쉬운 함정과 성공 팁

지표를 모두 정해 실제로 매주 평가하고 기록하기 시작했는가? 그렇다면 그 과정에서 저지르기 쉬운 실수와 도움이 되는 팁을 알아볼 차례다.

함정 1. 평가가 복잡하거나 불필요한 것이라 생각한다.

아직도 너무나 많은 사람이 숫자에 약하다는 핑계로 평가를 거부한다. 제발 이러지 말았으면 한다. 최고의 능력을 발휘해 목표를 달성하려면 평가는 필수다.

함정 2. 평가에 시간을 별도로 할애하지 않는다.

시간 블록으로 매주 평가에 사용할 시간을 마련하기 바란다. 일주일의 마지막 날 밤이어도 좋고 월요일 아침이어도 좋다. 어떻게든 매주 시간을 할애해서 주간 실행 점수를 계산하고 지표를 기록한 뒤 주간 계획까지 세워야 한다. 할 일이 많아 보이지만 누구나 10분에서 15분이면 해낼 수 있다.

함정 3. 점수가 만족스럽지 않으면 평가 자체를 포기한다.

2주 연속으로 점수가 저조하면 대다수는 평가 자체를 포기하고 더 이상 주간 점수표를 작성하지 않는다. 부디 용기를 내기 바란다. 실망스러운 한 주를 보내더라도 멈추지 말고 매주 꾸준히 진행 상황을 평가하라.

성공 팁 1. 매주 친구나 동료와 함께 주간 실행 점수를 점검하라.

여러 연구에 따르면 주위 동료를 적극적으로 활용할 때 계획을 훨씬 더 많이 달성할 수 있다고 한다. 14장에서 WAM을 다룬 내용을 참고하기 바란다.

성공 팁 2. 점수를 매주 꾸준히 높여라.

단 일주일 만에 실행 점수를 45%에서 85%로 끌어올리는 건 불가능할 테지만 45%에서 55%나 60%가 되는 건 충분히 가능하다. 크게든 작게든 진도를 나가는 것 자체가 중요하다. 매주 실행 점수 높이기를 목표로 삼아도 좋다. 점수가 꾸준히 상승한다는 건 목표에 가까워진다는 긍정적인 신호다.

성공 팁 3. 주간 실행 점수가 85%보다 낮다고 해서 비관하지 말라.

현재 주간 실행 점수가 평균적으로 65%여도 이전의 12주 프로그램에서 거둔 평균 점수보다 개선된 수치라면 꼭 나쁘게 볼 필요는 없다. 사실 65%면 결과를 개선하기에 충분한 점수다. 이 질문을 스스로에게 던져 보자. "주간 실행 점수 65%면 내가 설정한 12주 목표를 충분히 달성할 수 있는가?"

성공 팁 4. 숫자가 전하는 현실을 두려워하지 말라.

현실을 기꺼이 직시해야만 현실을 바꿀 수 있다.

선행 지표를 꾸준히 평가하고 기록하여 성과를 저해하는 근본적인 원인을 알아내자. 만족스럽지 못한 결과가 나왔을 때, 그 원인이 실행을 제대로 못해서인지 애초에 계획을 잘못 세워서인지 정확히 파악해야 한다. 원인이 무엇인지에 따라 어떻게 대응할지도 크게 달라지기 때문이다. 계획과 실행 중 무엇이 문제인지 확실하게 알기 위해서는 결과뿐만 아니라 실행까지 평가하는 수밖에 없다.

16장

시간 배분하기

고객과 이야기를 나눠 보면 능력에 비해 성과가 나지 않는 이유로 시간 부족을 많이 꼽는다. 시간이 부족하다는 소리를 너무 흔하게 듣다 보니 정말로 모두가 시간이 부족해서 능력을 온전히 발휘하지 못한다는 생각마저 든다. 하지만 시간 부족은 변명일 뿐이며 진짜 장애물은 따로 있다. 우리는 시간이 부족해서가 아니라 시간을 현명하게 활용하지 못해서 문제를 겪는다. 똑같은 말 아닌가 싶겠지만 둘의 차이는 매우 크다.

평범한 사람과 유능한 사람은 시간을 얼마나 효과적으로 활용하는지부터 다르다. 문제는 우리의 집중을 방해하는 일이 하루 종일 끊임없이 벌어진다는 것이다. 실제로 마이크로소프트 리서치의 에릭 호비츠Eric Horvitz와 일리노이 대학교의 샴시 이크발Shamsi Iqbal이 마이크로소프트 직원들을 대상으로 연구한 결과가 있다. 이 연구에 따르면, 고도의 정신노동 중에 이메일이나 메시지에 주의가 쏠리고 나면 다시 업무에 집중하는 데 평균 15분이 걸린다고 한다.

비즈니스 리서치 회사 바섹Basex도 시간 활용과 관련된 연구 결과를 발표한 바 있다. 직장인들이 평균적으로 일과 시간 중 28%를 딴 짓하느라 허비한다는 내용이었다. 주 40시간을 근무한다고 치면 그중 11시간이나 버려진다는 뜻이다.

시간을 어떻게 활용하는지에 따라 남은 인생이 달라진다. 정치, 문화, 예술, 과학, 종교, 그 외 모든 분야를 막론하고 역사 속 위인들에게 하루는 똑같이 24시간이었다. 단지 동일하게 주어진 시간을 '어떻게' 사용하는지가 달랐던 것이다. 순간의 선택에 따라 성공과 실패가 갈린다. 하지만 사람들이 내리는 선택은 단기적 이익을 늘리고 단기적 비용을 최소화하는 경우가 많다.

2011년 미국인의 하루 평균 TV 시청 시간은 2.8시간이었다. 하루의 12%에 달하는 시간이다. 심지어 스마트폰이나 태블릿 PC처럼 더 재밌는 전자 기기를 사용하는 시간은 포함되지도 않았다. 우리는 주로 일상에서 벗어나 휴식을 취하기 위해 TV를 시청한다. 어쩌면 채널 돌리기 외에 아무것도 할 필요가 없다는 편안함 때문일지도 모른다. 물론 TV가 백해무익한 건 아니지만 의미 있는 삶을 사는 데에는 별 도움이 되지 않는다.

때로는 소파에 누워 TV를 보는 것보다 별로 나을 게 없는 선택을 할 수도 있다. 정말 중요한 일, 그리고 그만큼 더 어려운 일을 일부러

외면하고 그저 바빠 보이기 위해 의미 없는 선택을 할 때도 있다. 사실 사람들은 이렇게 도움이 안 되는 선택에 더 끌리는 법이다. 영업 전화 걸기, 운동하기, 껄끄러운 인간 관계 해소하기처럼 어렵지만 보상이 확실한 일보다는 이메일이나 메시지에 답장을 보내기가 더 할 만하지 않겠는가.

여가 활동에 시간을 쏟고 어렵지 않은 일을 하는 게 무조건 나쁘다는 뜻이 아니다. 적당한 선을 지키면 오히려 바람직하다. 그러나 자꾸 편안하고 익숙한 일만 찾으면 능력에 비해 초라한 삶을 살 수밖에 없다. 순간의 편안함에 이끌려 허비한 시간이 점점 쌓여 돌이킬 수 없는 결과로 나타나기 때문이다. 로버트 루이스 스티븐슨Robert Louis Stevenson의 말처럼 "결국 모두가 결과의 연회에 참석하게 될 것이다."

지금보다 더 건강해지는 데에도, 지금보다 더 많은 소득을 올리는 데에도 모두 대가가 따른다. 어느 분야든 뛰어난 사람이 되려면 대가가 필요하다. 이처럼 위대한 사람이 되고 싶다면 그에 적합한 기회가 왔을 때 시간을 쏟아부어야 한다. 어려운 일일수록 보상이 크기 때문에 쉬운 일보다 어려운 일을 택하는 게 좋다. 뚜렷한 의도와 계획이 있으면 위대한 사람이 될 수 있다. 가장 중요한 게 무엇인지 명확하게 파악하고, 목표에 방해가 되는 일은 용기를 내 과감히 내던질 줄 알아야 한다. 시간을 철저하게 관리하라. 잘할 수 있는 일이 아니거나 목표 달성에 도움이 되지 않는 일은 최대한 다른 사람에게 맡기거나 포기할 필요가 있다.

지금껏 어떤 재능을 계발하고 연마했는지에 따라 강점과 약점이 결정된다. 강점과 약점을 종합적으로 따져 보면 과연 목표한 결과를 얻을 수 있을지 윤곽이 나오기 마련이다.

누구나 성공에 방해가 될 만한 약점을 하나쯤은 가지고 있다. 그런데 대다수 사람은 약점을 없애려 엄청난 시간과 에너지를 투입한다. 이렇게 약점을 줄이려는 노력은 가치 있고 숭고한 일이긴 하지만 그보다는 강점을 발휘하는 데 집중해야 한다. 약점을 강점으로 바꾸는 건 거의 불가능하며, 자신의 일에서 강점을 발휘하지 못하고 있다면 적성에 맞지 않은 일에 몸담은 것일지도 모른다.

다시 말하지만 '강점'에 집중해야 커다란 성과를 거둘 수 있다. 성공한 사람은 강점을 활용해 일을 할 줄 안다. 진정 유능한 사람은 단순히 강점이 아니라 자신만의 '고유 역량'을 발휘한다. 고유 역량이란 자신이 절대적으로 뛰어난 한두 가지의 능력을 뜻한다. 고유 역량은 발휘하는 것 자체가 즐거울 때가 많다. 따라서 자신이 인지하고 있는지와 상관없이 고유 역량은 인생에서 가장 큰 성공과 기쁨을 가져다주는 존재다.

결국 최선의 결과를 내려면 강점과 고유 역량을 발휘하는 데 의식적으로 시간과 에너지를 많이 투입해야 한다. 그래야만 성과와 만족도 모두 전에 경험하지 못한 만큼 높은 수준에 이를 수 있다.

강점과 고유 역량을 위해 시간을 많이 쓴다는 것은 전략적 활동을 위해 시간을 확보한다는 것과 같다. 전략적 활동이란 목표 달성에 중요하지만 그렇다고 꼭 급하지는 않은 활동을 의미한다. 이런 전략적 활동은 완수했을 때 즉각적으로는 보상이 눈에 보이지 않지만, 미래의 어느 시점에는 반드시 커다란 보상으로 돌아온다. 바꿔 말하면, 방해 요인은 최대한 통제하고 보상이 작은 활동은 최소한으로 줄여야 한다는 뜻이다.

생산성을 극대화하는 모범 주간

시간을 효과적으로 배분하려면 생산성이 아주 높은 한 주, 즉 모범 주간을 그려 보는 게 도움이 된다. 이번에 직접 시간 블록을 할당하면서 가상의 핵심 업무를 모두 해내는 모범 주간을 만들어 볼 것이다. 이런 방식으로 시간 블록을 활용해 한 주를 계획하면 원하는 성과를 내기 훨씬 수월해진다. 일단 일주일을 최대한 생산적으로 보낸다 가정하고 일주일을 계획해 보자. 이 모범 주간을 출발점으로 삼아 실제 일정을 조정하면 된다.

모범 주간을 만들 때에는 중요하지 않은 일을 일정에서 '빼겠다'고 아등바등하지 않아도 괜찮다. 사실 이렇게 해 봐야 별 효과도 없다. 차라리 중요하면서 보상도 큰 활동에 초점을 맞추는 게 낫다. 12주 계획을 세워 놨다면 이런 핵심 활동은 이미 전술로 기록되어 있을 것이다.

그럼 연필을 들고 먼저 3시간짜리 전략 블록부터 표시해 보라. 이어서 버퍼 블록과 브레이크아웃 블록을 차례대로 그리면 된다. 버

퍼 블록을 월요일부터 금요일까지 매일 한두 개를 추가한다. 일반
적으로 오전에 하나, 퇴근 시간쯤 하나를 둔다. 마지막으로 매주 해
야 하는 중요한 활동들을 채워 보자.

아래의 일정표를 활용하라.

	일	월	화	수	목	금	토
오전 7:00							
오전 8:00							
오전 9:00							
오전 10:00							
오전 11:00							
오후 12:00							
오후 1:00							
오후 2:00							
오후 3:00							
오후 4:00							
오후 5:00							
오후 6:00							
오후 7:00							

모범 주간

모범 주간을 완성하고 나면 처음에는 남는 시간이 거의 없다고 느
껴질 것이다. 사실 그럴 수밖에 없다. 중요한 활동이 빠짐없이 들어
있을 테니 말이다. 모범 주간에 포함된 활동은 모두 비전을 달성하
고 비즈니스를 업그레이드시키는 데 핵심적인 역할을 할 것이다. 실

제로 주간 계획을 실행에 옮기기 전에 이렇게 모범 주간을 그려 보는 건 굉장히 중요한 과정이다. 모범 주간을 미리 계획해 보지 않으면 절대 모범 주간만큼 생산성 높은 한 주를 보낼 수 없기 때문이다.

결국 시간이 전부다. 시간을 다스리지 못하면 결과 또한 다스릴 수 없다. 시간을 얼마나 계획적으로 활용하는지가 인간의 위대함을 결정한다.

생각 바꾸기

시간은 한정되어 있으며 그만큼 가치가 높다. 그럼에도 불구하고 대다수 사람은 효과적으로 시간을 활용하는 데 어려움을 겪는다. 우리 고객들 사례에 비추어 보면 대부분 기회가 있을 때 수익을 올려야 한다는 본능적인 욕구에 이끌리는 듯하다. 그러다 보니 기존 고객이든 잠재 고객이든 요청이 들어올 때 별 고민도 없이 미리 세워 둔 계획을 내팽개치고 만다. 심지어 한두 번도 아니고 매번 같은 실수를 반복한다. 비즈니스에 미치는 장기적인 영향은 고려하지 않은 채 말이다. 결과적으로 자신의 미래를 구축하는 데 써야 할 시간이 다른 사람의 미래를 위해 헛되이 사용되는 셈이다.

분석해 본 결과 우리의 고객들은 자신의 시간보다 타인의 시간을 더 중요하게 생각하고 있었다. 그러나 획기적인 성과를 얻기 위해서는 적어도 타인의 시간만큼 자신의 시간을 소중히 여겨야 한다.

이렇게 해야만 비즈니스를 성장시킬 수 있으며, 아이러니하게도 고객 서비스 역시 개선될 수 있다.

효과적인 실행과 효율적인 시간 활용에 방해가 되는 잘못된 믿음이 또 있다. 바로 모든 일을 다 해낼 수 있다는 믿음이다. 더 빨리, 열심히, 오랜 시간을 들여 일하면 되지 않느냐고 반문할지도 모르겠다. 하지만 그렇게 해서는 원하는 결과를 얻을 수 없다. 몇 년 전의 한 연구에 따르면 평범한 직장인도 언제나 대략 40시간 분량의 업무가 밀려 있다고 한다.

모든 일을 다 해낼 수는 없다는 단순한 진리를 받아들여야 한다. 어차피 결국에는 이 진리를 깨닫게 되어 있다. '언젠가는' 밀린 업무를 다 따라잡을 수 있다고 착각하면서 괜히 스스로를 혹사시키지 말자. 통상적이지만 급해 보이는 일에 모든 시간을 써 버리면, 정작 내가 원하는 삶과 성과를 이루는 데 필요한 전략적 활동은 후순위로 밀려 버린다.

일단 급한 불부터 끄자는 마음가짐은 부디 버리기 바란다. 급하지만 중요하지 않은 일 때문에 막상 중요한 일을 자꾸 미루면 결코 위대한 성과를 달성할 수 없다. '내가 꿈꾸는 이상적인 미래는 내일부터 만들어 갈 거야. 어쩌면 다음 주나 다음 달에 시작할 수도 있고'와 같은 생각은 치명적인 착각이다. 당신이 살아갈 미래는 지금 이 순간 만들어지고 있다.

혁신적인 성과는 점진적으로 이루어지지 않는다. 혁신적인 성과가 눈에 보이기 전에 일하는 방식을 근본적으로 바꾸어야 한다. 누군가에게는 연봉을 20% 올리는 게 혁신적인 성과일 테며, 다른 누군가에게는 사업 규모를 2배 키우는 게 혁신적인 성과일 수 있다. 또 누군가는 연봉이 똑같아도 여가 시간을 더 많이 확보했을 때 혁신적인 성과를 냈다고 생각할 수 있다. 어떤 경우든 혁신적인 성과를 창출하려면 시간 활용 방식을 바꾸겠다는 굳은 의지가 필요하다.

성과를 올릴 수 있다는 말은 언제나 고무적으로 들리지만, 당장 하고 있는 일이 너무 많으면 진심으로 시간이 부족하다고 좌절감을 느낄 수도 있다. 우리 고객들을 보면 대체로 타인의 훌륭한 성과에 감탄하면서도 정작 본인은 그런 성과를 낼 수 없다고 속단한다. 이미 지나칠 정도로 열심히 일하는데 돈 조금 더 벌자고 일을 늘리고 싶지는 않을 것이다. 이들에게는 성과가 커지는 것이 마냥 좋기보다는 두려움의 대상일지도 모른다. 더 큰 성과를 내려면 일도 더 해야 하는데 현재 시스템으로는 감당할 수 없다고 생각하기 때문이다.

성과를 늘리려면 그에 비례해서 일도 더 많이 해야 한다는 인식이 만연해 있다. 언뜻 상식적인 듯 보이지만 이런 생각은 살면서 누릴 수 있는 수많은 성취를 가로막는다.

이렇게 생각해 보라. 1년에 100만 달러를 버는 사람이 10만 달러를 버는 사람에 비해 10배 열심히 일할 것 같은가? 전혀 그렇지 않다. 오히려 때로는 100만 달러를 버는 사람이 일을 덜할 것이다. 중요한 건 시간이나 양이 아니라 일을 하는 '방식'이다.

바꿔 말하면 시간을 어떻게 활용하는지가 성과를 결정한다. 지금까지와는 전혀 다른 성과를 내고 싶다면 다른 방식으로 다른 일을 하라.

핵심적인 업무에 시간을 미리 배정하는 퍼포먼스 시간과 시간 블록의 근본적인 취지를 잊지 않기를 바란다. 최고의 능력을 발휘하고 최고의 성과를 내기 위해서는 시간을 전략적으로 활용할 줄 알아야 한다. 사소한 업무는 최대한 효율적으로 처리하고, 에너지를 재충전할 기분 전환 시간을 충분히 확보하라.

팀에 적용하기

리더가 어떻게 말하고 행동하는지는 전부 팀 문화에 반영된다. 긍정적인 영향을 전하고 싶다면 말과 행동이 일치해야 한다.

팀원들이 시간을 계획적으로 활용하기 바란다면 리더가 솔선수범할 필요가 있다. 리더로서 먼저 세 가지 시간 블록을 비롯해 팀 미팅이나 일대일 미팅 등 핵심 활동을 포함하여 모범 주간을 작성해보라. 그리고 매주 모범 주간을 그대로 실행하기 위해 최대한 노력하라.

퍼포먼스 시간 시스템을 적용하면 리더 자신은 물론이고 팀 전체에 이득이 될 수 있다. 리더가 시간을 계획적으로 활용하면 팀원들은 자연스럽게 리더를 따라 같은 방식으로 시간을 활용하기 마련이다. 게다가 리더가 매일 일정한 시간대에 버퍼 블록을 두면, 팀원들은 리더와 소통이 필요할 때 그 시간대를 마음 편히 이용할 수 있게 된다.

금융 서비스업에 종사하는 한 고객은 퍼포먼스 시간 시스템을 적용하고 매일 같은 시간에 버퍼 블록을 할당했더니 팀원들에게 도움을 주기가 더 수월해졌다고 한다. 언뜻 보면 직관에 어긋나는 듯하다. 다급한 논의나 팀 미팅에 할애한 시간은 하루에 1시간뿐이고, 나머지 시간에는 자신의 업무만을 처리한다는 뜻이니 말이다. 하지만 매일 버퍼 블록 시간대에 리더와 자유롭게 소통할 수 있다는 것에 팀원들도 점점 적응했고 더 이상 리더의 비어 있는 시간을 파악하느라 고생할 필요가 없어졌다. 버퍼 블록이 매일 한 시간에 불과하지만 이제 팀원들은 언제 어디서 그를 만날 수 있는지 잘 알고 있으며 그에게 전보다 더 많은 도움을 받을 수 있게 되었다.

리더가 퍼포먼스 시간을 먼저 적용할 때의 이점은 또 있다. 리더 스스로 퍼포먼스 시간을 잘 이해하게 되어 이후 팀원들이 시간 블록을 세울 때 도움을 줄 수 있다는 것이다.

팀원들이 시간 블록을 적극적으로 활용하기 시작했다면, 리더는 팀원 각자의 시간 블록을 최대한 의식하고 존중해 줘야 한다. 이를테면 리더가 팀원의 전략 블록 시간대에 끼어들었을 때, 팀원은 리더에게 전략 블록 후에 다시 이야기하자고 스스럼없이 말할 수 있어야 한다. 나아가 다음부터는 애초에 팀원이 전략 블록 시간대에 있다면 그를 방해하지 않아야 한다.

리더와 팀원 모두의 성과는 시간 활용 방식에 달려 있다. 꼭 뚜렷한 계획을 세워 시간을 효과적으로 활용하기 바란다.

빠지기 쉬운 함정과 성공 팁

함정 1. 기존의 습관대로 일을 한다.

예전의 시간 활용 방식을 그대로 유지하면 생산성을 높일 수 없다. 하지만 오래된 습관은 그만큼 편안하고 익숙한 법이라 버리기가 어렵다. 지금껏 경험하지 못한 새로운 결과를 원한다면 두려움, 불확실함, 불편함 이 모든 것을 극복하고 더 생산적인 습관을 새로이 받아들여야 한다.

함정 2. 전략 블록에서 멀티태스킹을 한다.

여전히 멀티태스킹을 대단한 능력으로 여기는 사람이 많다. 하지만 멀티태스킹은 전반적인 생산성과 성과를 떨어뜨릴 뿐이다. 미시간 대학교 뇌인지행동 연구소의 소장인 데이비드 E. 메이어 Daivd E. Meyer에 따르면, 실제로 멀티태스킹은 효율성을 높이는 게 아니라 작업 속도를 늦추고 실수할 가능성을 높인다고 한다. 중요한 작업을 처리하다가 다른 작업을 추가로 맡게 되면, 기존에 수행하던 중요 작업을 완수하는 데 평균적으로 25% 더 많은 시간이 소요된다.

함정 3. 방해 요소 때문에 집중을 못한다.

오늘날 우리의 집중을 방해하는 가장 큰 원인은 기술 발전일지도 모른다. 우리를 산만하게 만드는 것들이 날이면 날마다 늘어나는 추세다. 스마트폰, 소셜 미디어, 인터넷에 빠져 중요한 일에 소홀해지면 목표에 달성하기 어려워진다. 어느 정도의 즉흥성은 나쁘지 않다지만 그렇다고 시간을 무계획적으로 아무렇게나 써 버리면 자신의 능력을 온전히 발휘할 수 없다. 중요한 일을 해야 할 때에는 현대 사회의 방해 요소들로부터 의식적으로 멀어지려는 노력이 필요하다.

함정 4. 바쁜 것이 곧 생산적인 것이라 착각한다.

하루를 바쁘게 보내는 건 그리 어렵지 않다. 이메일, 음성 메시지, 문자 메시지, 각종 행정 업무를 처리하다 보면 누구나 바쁘게 살 수 있다. 하지만 이런 일만 해서는 절대 위대한 성과를 거둘 수 없다. 아무리 바쁘게 시간을 보냈다 한들, 그 시간이 생산적이었는가는 별개의 문제다. 목표 달성에 가장 중요한 일을 우선하기 바란다. 나머지 잡다한 일은 모두 그다음의 일이다.

성공 팁 1. 모범 주간을 캘린더에 기록하라.

모범 주간의 시간 블록을 반복 일정으로 캘린더에 설정해 두면 일정 충돌을 미연에 방지할 수 있다. 시간 블록을 불가피하게 옮겨야 할 때도 있지만 드문 경우이기 때문에 걱정하지 않아도 된다. 심지어 나처럼 여행을 자주 다니거나 일주일 내내 루틴한 일밖에 없어도 괜찮다. 월요일 아침마다 5분만 투자해도 시간 블록을 상황에 맞게 충분히 조정할 수 있다.

"

목표 달성에 가장 중요한 일을
우선하기 바란다.
나머지 잡다한 일은 모두
그다음의 일이다.

"

17장

주인의식 갖기

혹자는 자신의 행동에 전혀 책임을 지지 않으며 본인이 실패한 일에도 다른 사람을 탓하기만 한다. 이들에게는 실패의 책임을 돌릴 대상도 다양하다. 부모님, 상사, 보수주의자, 진보주의자, 담배 회사, 패스트푸드 산업까지 셀 수도 없다. 실패의 원인은 언제나 자신이 아닌 다른 것에 있다고 여기는 것이다. 문제는 현대 사회에서 오히려 이런 피해의식을 점점 옹호한다는 데 있다. 심지어 사법 체제도 이런 자들 편이다. 이제는 자신의 선택에 책임을 지지 않아도 전혀 불이익을 받지 않으며, 책임을 물을 만한 대상을 찾으면 되려 보상을 해 주는 실정이다.

이렇게만 보면 피해의식에 빠진 사람에게 너무 유리한 세상인 듯하지만 이들도 결국에는 업보를 피할 수 없다. 이들의 인생은 외부의 환경이나 상황 그리고 주변 사람의 영향에 따라 크게 달라진다. 피해의식을 떨쳐 내지 않는 한, 삶은 여전히 고통이고 주변 사람들은 위협의 대상으로 보일 뿐이다.

반면 책임감이 강한 사람은 삶을 주도적으로 이끌어 간다. 스스로 운명을 개척하고 잠재력을 실현하며 살 수 있다는 것이다. 가장 완전한 형태의 책임이란 자신의 행동과 결과에 주인의식을 갖는 것이다. 성공한 사람은 모두 자신의 행동과 결과에 주인으로서 책임을 질 줄 안다.

책임은 행동과 결과에 대해 자신이나 남을 탓하겠다는 의미가 아니다. 그저 결과에 일정 부분 자신의 책임이 있음을 인정하는 삶의 태도일 뿐이다. 책임은 반드시 실패와 결부되어야 하는 것도 아니다. 오히려 책임은 성공적인 결과를 내는 데 무엇이 필요한지를 알려 준다. 행동과 결과에 주인의식을 갖기 전까지는 그 누구도 결과를 바꾸거나 개선할 수 없다. 행동이 결과를 낳는다는 사실을 받아들일 때 비로소 자신이 바라던 결과를 얻을 수 있다.

책임을 받아들이게 되면 자신의 행동을 옹호하기보다는 행동에서 교훈을 얻는 쪽으로 마음가짐을 바꾸게 된다. 이런 사람들에게 실패란 더 나은 사람이 되는 과정에서 받는 피드백일 뿐이다. 아무리 상황이 불리하고 사람들이 비협조적으로 굴어도 목표 달성에 방해가 되지도 않는다. 행동과 결과에 주인의식을 가질 때 우리는 지금까지와는 다른 결과를 만들어 낼 수 있다.

가치 있는 노력에는 항상 장애물과 좌절이 따르기 마련이다. 문제는 중요한 일을 완수하지 못했을 때 이런 장애물과 좌절이 좋은 '핑곗거리'가 된다는 점이다. 가끔은 비겁한 핑계가 아니라 정당한 이유로 여길 때도 있을 것이다. 도저히 통제할 수 없는 상황에 직면하거나, 제정신으로는 결코 극복할 수 없을 듯한 장애물을 만날지도 모른다.

더스틴 카터 Dustin Carter 는 어릴 적 희귀 혈액 질환을 앓았다. 어느 날 상태가 악화되어 급하게 병원에 실려 갔고, 의사는 그의 목숨을 구하기 위해 사지를 절단해야만 했다. 더스틴의 마음이 상상이나 되는가? 나로서는 상상조차 할 수 없다. 내 인생도 나름 굴곡이 있었지만 이토록 큰 시련은 없었다. 수술 후 눈을 떴을 때 양팔과 양다리가 모두 없다면? 그 공포는 내가 감히 가늠할 정도가 아닌 듯하다. 누구나 이런 상황이라면 왜 하필 자신에게 이런 일이 생겼는지 좌절하고 스스로를 불쌍히 여길 수밖에 없다. 더스틴 역시 그런 자신을 가엾게 바라보고 있었을 것이다.

흥미롭게도 더스틴의 자기 연민은 그리 오래 가지 않았다. 그는 신체 장애에 굴하지 않았을 뿐만 아니라 자신의 몸을 너무나 잘 활용할 수 있게 되었다. 자, 어느 날 눈을 떴더니 팔과 다리가 모두 사라져 버렸다. 그러면 앞으로 무슨 일을 하고 싶어질까? 사지가 없는 상황에서 '레슬링' 선수가 된다는 건 어불성설 아닌가? 그런데 더스틴에게는 어불성설이 아니었다. 실제로 그는 레슬링에 뛰어들었고 피나는 노력과 오랜 훈련 끝에 정말 뛰어난 레슬링 선수로 거듭났다. 그는 신체 장애를 그저 극복한 수준이 아니라 아예 깨부수었다.

게다가 나름의 어려움을 겪고 있는 수많은 사람에게 영감이 되기도 했다.

그럼 장애물을 다시 떠올려 보자. 더스틴이 극복해야 했던 장애와 지금 내 발목을 잡고 있는 장애물을 비교해 보면 너무나 창피할 따름이다. 당신은 어떤가? 무엇이 당신을 그토록 방해하고 있는가? 목표 달성을 가로막는 장애물이 무엇인지 다시 한 번 곰곰이 생각해 보라.

더 이상 핑계를 댈 때가 아니다. 이제는 목표 달성을 방해하는 장애물을 극복해야 한다. 현재의 삶은 지금까지 살면서 내린 모든 선택의 결과다. 주위 환경, 가족, 학교, 상사, 정치인 등 책임을 돌릴 만한 대상은 많다. 그러나 이 중에 마음대로 통제할 수 있는 대상은 하나도 없다. 유일하게 통제할 수 있는 건 어떻게 대응하느냐다. 책임감을 갖는 건 쉬운 일이 아니다. 어쩌면 몹시 불쾌할 수도 있다. 하지만 목표를 진심으로 달성하고 싶다면 자신의 행동과 결과에 주인의식을 가져야 한다.

주인의식을 갖는다는 건 외부로 눈을 돌리지 않고 자기 자신에게 집중한다는 뜻이다. 외부의 장애물을 핑계 삼다 보면 목표로 하는 삶, 능력을 마음껏 발휘할 수 있는 삶에 결코 가까워질 수 없다. 사실 친한 친구 몇 명을 제외하면 아무도 당신의 성공이나 실패에 관심을 두지 않는다. 실패를 겪을 때 이런저런 변명을 해 봤자 세상 누구도 신경 쓰지 않는다. 가혹하게 들리겠지만 이게 현실이다. 어쩌면 가끔은 누군가가 동정의 손길을 내밀 수도 있고, 정말로 대운이 따

"

주인의식을 갖는다는 건
외부로 눈을 돌리지 않고
자기 자신에게 집중한다는 뜻이다.

"

른다면 맥주 한 잔 정도는 얻어 마실 수도 있겠다. 그런데 그게 전부다. 행동과 결과에 주인의식을 갖지 않으면 결코 원하는 목표를 달성할 수 없다. 앞으로 다시는 핑계를 대지 않겠다고 지금 당장 결심해 보자.

책임감을 강하게 만드는 방법

책임감을 강화하여 인생의 목표를 더 많이 달성하기 위한 네 가지 방법을 소개한다.

1. 다시는 피해의식에 빠지지 않겠다고 다짐하라.

계속 남 탓만 해서는 의미 있는 삶을 살 수 없다. 다시는 피해의식에 빠지지 않겠다고 다짐하라. 핑계를 대면서 보통의 삶에 안주해 버리는 순간이 오지 않는지 잘 지켜봐야 한다. 이제는 통제할 수 있는 일에만 집중하기 바란다. 책임감은 일단 마음가짐에서 시작하여 행동으로 마무리된다. 비전을 실현하기 위해서는 생각과 행동 그리고 결과 모두에 주인의식을 갖자.

2. 자신을 가엾게 여기지 말라.

자신을 가엾게 여기면 그저 자기 연민이 생길 뿐이다. 게다가 자기 연민이 심해지면 우울함으로 이어지기도 한다. 일이 뜻대로 풀리지 않을 때 실망하거나 슬퍼하는 건 괜찮다. 하지만 이 감정이 오래 지속되어 자기 연민이 되지 않도록 주의하라. 근본적으로는 생각과 태도를 관리할 줄 알아야 한다.

3. 새로운 일에 기꺼이 도전하라.

지금까지와 다른 결과를 바란다면, 이전과는 다른 방식으로 다른 일에 기꺼이 도전해 봐야 한다. 『판매에서 서빙까지 From Selling to Serving』의 저자이자 내 친구인 루 카사라 Lou Cassara는 지금 가지고 있지 않은 것을 갖고 싶다면 지금 하고 있지 않은 일에 나서야 한다고 말했다. 이처럼 새로운 일을 실행에 옮기고 나면 결과만 바뀌는 게 아니라 태도 역시 변한다. 나 역시 좌절감에 빠져 있을 때 무언가 실제로 행동을 하면 빠르게 기분을 전환할 수 있다.

4. 책임감 있는 사람들과 어울리라.

옛말에도 근묵자흑 近墨者黑(먹을 가까이 하는 사람은 검어진다)라 하지 않았는가. 주로 어울리는 사람들이 어떤 사람인지도 매우 중요하다. 피해의식이 심한 사람이나 변명만 늘어놓는 사람은 멀리하라. 이런 사고방식은 치명적이고 전염성이 강한 질병처럼 취급해도 좋다. 그 대신 책임감이 강한 사람들과 좋은 관계를 유지하기 바란다. 혹시 가까운 사람이 변명만 늘어놓는 타입이라면 그 사람에게 좋은 영향을 줄 수 있도록 노력해 보라. 이 장을 읽어 보라고 추천해도 좋고 당신이 솔선수범하여 주인의식을 발휘하는 것도 좋다.

"결국 머지않아 모두가 결과의 연회에 참석하게 될 것이다."

—로버트 루이스 스티븐슨

개인적인 삶은 물론이고 비즈니스에서 더 많은 책임감을 가지려면 어떤 노력을 해야 좋을지 잠시 생각해 보고 여기에 적어 보자.

책임감을 갖기 위한 노력

....

....

....

....

....

....

생각 바꾸기

책임에 대해서는 모두가 대대적인 사고의 전환이 필요하다. 이미 설명했듯이 책임을 결과와 함께 생각하는 경우가 많은데, 사실 책임은 결과의 문제가 아니다. 책임은 자신의 행동과 결과에 주인의식을 갖는 것이다. 책임은 주위 환경을 통제할 수는 없더라도 그 환경에 어떻게 대응할지는 결정할 수 있다고 깨닫는 것이기도 하다. 결국 자신이 내린 선택의 퀄리티에 따라 남은 인생의 퀄리티가 달라짐을 이해하는 것과도 같다. 책임의 본질을 깨달은 사람은 어떤 상황에서든지 선택의 기로에 서야 한다는 사실을 알고 있다. 상황에 따라서는 주어진 선택지가 그리 매력적이지 않을 수도 있다. 그럼에도 여전히 선택권이 있다는 것 자체가 중요하고 강력한 차이를 만들어 낸다.

책임을 어떤 의미로 받아들이느냐가 모든 것에 영향을 미친다.

팀에 적용하기

책임의 장기적인 이점은 명백하다. 개인과 조직 모두 결과를 개선하고 통제력을 강화할 수 있으며, 스트레스를 줄이고 전반적으로 행복감도 키울 수 있다.

책임의 본질을 제대로 받아들인 회사를 상상해 보라. 책임이 더 이상 부정적인 결과와 함께 묶이지 않고 긍정적으로 여겨지는 곳일 테며, 직원들은 각자의 행동과 결과에 대해 주인의식을 갖고 있을 것이다. 직원 개개인에게 책임을 묻지 않는 회사, 주인의식으로서의 책임이 조직 문화가 된 회사가 과연 존재하기는 할까?

리더는 책임을 결과와 관련된 맥락에서 바라보면 안 된다. 사실 우리가 만난 고객들도 모두 책임이라고 하면 직원들에게 묻고 부과하는 것으로만 생각하고 있었다. 그러나 책임은 부과되거나, 요구되거나, 강요되는 것이 아니다. 책임이란 필연적으로 자유의 연장선이다. 리더가 구성원들에게 책임을 지우려고 하면 다들 방어적인 태도를 취하면서 의도치 않게 피해의식에 빠질 수도 있다. 누군가에게 책임을 떠넘기면 그 대상이 된 사람은 자신의 행동과 결과에 주인의식을 가지려 할 리가 없다. 원래 책임감이 강하던 사람조차 이런 상황에서는 생각이 달라질 것이다.

누구나 주인의식을 갖는 일에는 정성을 다한다. 그러므로 리더는 구성원들이 중요한 일에 주인의식을 갖도록 끊임없이 노력해야 한다. 구성원 개개인에게 책임을 묻기만 하는 리더는 절대 해낼 수 없는 일이다.

그렇다고 구성원의 명백히 잘못된 행동을 나무라지 말라는 건 아니다. 결과를 전혀 신경 쓰지 말라는 이야기도 아니다. 결과를 면밀히 분석하고 적절히 책임도 물어야 구성원의 역량과 태도가 더 나아질 수 있다. 하지만 개선에 대한 의지도 주인의식에서 나온다. 당연히 구성원 각자가 주인의식을 갖도록 하는 게 먼저다.

그럼 조직 내에서 책임감과 주인의식을 고취하는 데 도움이 되는 몇 가지 팁을 살펴보자.

• 피해의식이 어떻게 대화로 발현되는지 파악하자.

리더 본인은 물론이고 나머지 구성원들이 실패를 두고 어떻게 이야기하는지 주의 깊게 살펴보라. 이런 대화에서는 실패했다는 현실을 인정하고 다음에는 어떤 부분을 개선해야 할지 논의하는 게 좋다. 결과는 생각과 직결된다는 사실을 명심하라. 행동과 결과에 대해 갖는 주인의식이 생각하는 방식과 말하는 방식에 모두 드러나도록 노력하기 바란다.

• 책임감 있는 모습을 먼저 보이자.

말보다 행동이 중요하다. 팀원들의 책임감을 강화하고 싶다면 먼저 행동으로 책임감을 보여야 한다. 책임감을 갖는 게 당연하고 바람직한 일임을 롤모델이 되어 몸소 보이라.

• 기대치를 명확히 설정하자.

책임은 명확한 기대치에서 비롯된다. 어떤 모습을 기대하는지 정확하게 알고 공유하면 개인이나 조직이나 모두 더 큰 책임감을 발휘할 수 있다. 특히 개인의 기대치를 설정할 때에는 무슨 결과를 원하고 어떻게 결과를 평가할 것인지 최대한 구체적으로 정해 두기 바란다.

• 실패에서 교훈을 얻자.

누구나 실수를 하는 법이다. 특히 처음 시도하는 일이라면 원하는 결과를 얻기 더더욱 어렵다. 실패에는 귀중한 정보가 가득하다. 앞으로는 더 좋은 결과가 나오도록 실패를 중요한 피드백으로 받아들이자. 신은 우리가 깨달을 때까지 계속해서 똑같은 가르침을 내려 줄 것이다.

- **미래에 집중하자.**

책임의 대상은 과거가 아니라 미래다. 우리는 과거를 돌아보며 좋았다 나빴다 평가하곤 하지만 사실 과거는 그냥 과거일 뿐이다. 과거에 받은 비난, 과거에 느낀 죄책감은 모두 잊어도 좋다. 더 나은 결과를 얻기 위해 미래에 초점을 맞추고 앞으로 나아가자.

리더가 평소에 책임을 어떻게 바라보는지는 행동으로 드러나며 결국 이에 따라 조직의 성과가 달라진다. 리더가 책임의 본질을 받아들일 때 팀은 어떻게 달라질까? 구성원들이 행동과 결과에 주인의식을 갖게 되면 팀의 문화는 어떻게 달라질까? 이러한 변화는 리더의 역할과 구성원과의 관계에 어떤 영향을 미칠까?

리더로서 책임을 바라보는 관점과 태도를 바꾸면 구성원과의 소통 방식이나 관계가 모두 바뀔 것이다. 나아가 팀의 성과가 달라지고 결국 회사 전체가 달라질 수 있다.

빠지기 쉬운 함정과 성공 팁

함정 1. 여전히 책임을 '결과에 대한 책임'으로 바라본다.

지금쯤이면 책임은 주인의식을 뜻한다는 것에 익숙해져야 한다.

자꾸 결과에 책임을 지는 것만 부각하면 스스로의 능력을 제한할 뿐만 아니라 동료들에게도 부정적인 영향을 끼치게 된다. 아예 종이에 적어 벽에 걸어 두는 것도 좋다. "책임은 행동과 결과에 주인의식을 갖는 것이다."

함정 2. 내면이 아니라 외부에 집중한다.

자신의 힘으로 어찌할 수 없는 것에 미련을 가지면 안 된다. 경제, 회사, 상사, 배우자, 그 외 주변의 모든 것이 변하기를 기대하는 건 굉장히 비생산적이고 답답한 일이다.

성공 팁 1. 현실을 인정하라.

엘리자베스 캐디 스탠턴은 이렇게 말했다. "우리가 발 디딜 수 있는 안전한 땅은 진실뿐이다." 책임은 현실을 대상으로 한다. 행동과 결과에 온전히 주인의식을 가질 때 우리는 자기 자신은 물론이고 타인에게 솔직해질 수밖에 없다. 어차피 주변 상황은 보이는 그대로 바뀌지 않는다. 상황을 개선할 유일한 기회는 현실을 인정하는 데서 시작한다.

성공 팁 2. 통제할 수 있는 것에 집중하라.

통제할 수 있는 것에 집중할 줄 알아야 뛰어난 사람이 될 수 있다. 주변의 상황이나 다른 사람을 마음대로 통제하기란 불가능하다. 통제할 수 있는 건 자신의 생각과 행동밖에 없다. 그러니 자신의 생각과 행동에 최대한 에너지를 쏟아야 한다. 생각과 행동을 모두 생산적으로 유지하기 위해 노력하자.

18장

헌신하기

헌신은 12주 프로그램의 세 가지 원리 중 두 번째에 해당한다. 아메리칸 헤리티지 사전에 따르면 헌신의 정의는 "어떤 행동을 열심히 하겠다고 감정적으로나 이성적으로 마음먹은 상태"다. 즉, 헌신이란 원하는 결과를 얻기 위해 구체적인 행동을 취하겠다는 의식적인 결정이다.

헌신은 강력하다. 어떻게 보면 헌신은 미래에 투영된 책임이라 할 수 있다. 목표를 달성하기 위해 무엇이든 하겠다고 일단 결심했다면, 이제 책임감이 강할수록 헌신의 결실을 맺을 가능성이 높아진다.

**헌신 : "어떤 행동을 열심히 하겠다고 감정적으로나
이성적으로 마음먹은 상태."**

누구나 살면서 헌신의 강력함을 경험한 적이 있을 것이다. 목표에 집중하여 이를 달성하기 위해 무슨 일이든 할 수 있던 때가 있지 않은가? 이런 시절을 한번 떠올려 보자. 중간에 포기하지 않고 끝까지 헌신했을 때 어떤 기분이 들었는가? 목표를 달성했을 때에는 또 기분이 어땠는가? 다른 목표도 얼마든지 달성할 수 있을 것 같았는가? 역경을 마주쳐 포기하고 싶었을 때 목표와 비전이 당신의 선택과 행동에 어떤 영향을 주었는가?

지금부터 헌신을 두 가지 관점에서 바라보고자 한다. 하나는 자기 자신에게 헌신하는 것이며, 다른 하나는 타인에게 헌신하는 것이다. 먼저 개인적인 헌신부터 살펴보자.

자신에게 헌신하기

개인적인 헌신은 구체적으로 어떤 행동을 하겠다는 자신과의 약속이다. 꾸준히 운동하기, 가족과 함께 시간 보내기, 금연하기, 매일 정해진 만큼 영업 전화 돌리기 등을 예로 들 수 있다. 그럼 잠시 시간을 내어 스스로 결심한 뒤 실행에 옮긴 개인적인 헌신 두 가지만 떠

올려 보라.

이제 헌신의 결과가 어땠는지도 떠올려 보라. 자기 자신을 어떻게 바라보게 되었는가? 이후 자신과의 약속을 지키는 게 더 수월해졌는가? 어떤 일이 닥쳐도 원하는 결과를 얻기 위해 헌신할 수 있겠다고 생각했는가? 당시 느낀 점을 이곳에 적어 보자.

8장에서 우리는 헌신이 얼마나 강력한지 살펴봤다. 그러나 때로는 자신과의 약속을 지키는 게 버거워지기도 한다.

그런 어려움을 잘 보여 주는 예시가 바로 새해 다짐이다. 사실 대부분의 새해 다짐은 목표 달성은 고사하고 작심삼일에 그치고 만다. 왜 이렇게 되는 걸까? 이해를 돕기 위해 빙산으로 비유를 해 보겠다. 아마 다들 알고 있겠지만, 빙산은 대략 10%에 불과한 일부분만이 수면 위로 나와 있다. 무려 90%가 수면 아래에 잠겨 있는 셈이다. 인간도 빙산과 비슷하다. 인간이 인지할 수 있는 생각, 감정, 신체적 반응, 즉 의식이라는 수면보다 위에 드러난 건 극히 작은 부분일 뿐이다.

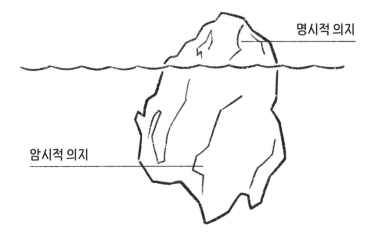

의지의 빙산

그럼 인간의 의지는 수면 위와 아래 중 어디에 속할까? 생각해 보면 의지는 수면 위와 아래 모두에 해당할 수 있다.

바꿔 말하면, 인간의 의지는 인지할 수 있는 명시적 의지와 인지

할 수 없는 암시적 의지로 나뉜다. 그런데 명시적 의지는 암시적 의지와 상충하는 경우가 많다.

두 의지가 충돌하는 예로 새해 다짐에서 빠지지 않는 다이어트를 살펴보자. 12주 프로그램 워크숍을 진행하다 보면 참석자들에게 "본인 기준에서 과체중이라 생각하는 분은 손을 들어 주세요"라고 묻곤 한다. 보통은 참석자 중 절반 이상이 손을 든다. 이 질문을 스스로에게 던져 보라. 당신이 봤을 때 당신은 과체중에 해당하는가? 과체중이라 자각하고 있다면 이미 의지의 충돌을 겪고 있을지도 모른다. 수면 위 10%에는 이상적인 체중에 도달하겠다는 의지가 있는 한편, 수면 아래 90%에는 반대 방향의 의지가 가득하다.

다음은 워크숍 참석자들이 직접 적어 준 암시적 의지의 몇 가지 예시다.

- 맛있는 걸 먹는 게 너무 좋다. 이 즐거움을 포기하고 싶지 않다.
- 추운 날에 굳이 따뜻한 침대를 박차고 일어나 운동하고 싶지 않다.
- 아등바등 노력해서까지 살을 빼고 싶지는 않다.
- 사실 정상 체중이었던 적이 없다. 항상 이 정도 몸무게를 유지해 왔다.
- 다이어트할 시간이 없다.

엄밀히 말하면 이러한 이유들은 모두 우리 마음 깊은 곳에 자리한 의지가 발현된 것이다. 안락함, 즐거움, 만족감, 휴식 등을 갈망하는 그런 의지 말이다. 어쨌든 요점은 이처럼 수면 아래에 숨은 의지가 존재하며 명시적 의지와 충돌한다는 사실이다. 그러다 보니 끝까지 의지를 잃지 않고 헌신하는 게 어려울 수밖에 없다.

그렇다면 어떻게 해야 성공적으로 헌신할 수 있을까? 일단 명시적 의지가 암시적 의지보다 더 강해야 한다. 또는 두 의지의 충돌을 의식적으로 조정할 수 있어야 한다.

이번에는 비즈니스 사례를 살펴보자. 영업 성과를 좌우하는 중요한 요소 중 하나는 기존 고객에게 새로운 고객을 얼마나 꾸준히 소개받을 수 있느냐다. 하지만 고객에게 소개를 부탁하기란 쉬운 일이 아니다. 매주 일정 건수의 소개를 부탁해 보겠다는 명시적 의지를 가진 사람도 결심을 실행에 옮기지 않는 경우가 많다. 새로운 고객을 소개해 달라고 말하기가 왜 이리 어려운 걸까. 아무래도 어떤 암시적 의지가 방해를 하는 게 분명하다.

다음은 고객 소개를 막을 수 있는 암시적 의지 후보들이다.

- 지금껏 기존 고객에서 새 고객을 소개받은 적이 없다.
- 소개를 부탁했다가 기존 고객까지 잃을까 봐 조심스럽다.
- 거절당할까 봐 두렵다.
- 도움이 필요한 사람으로 보이고 싶지 않다.
- 고객에게 좋은 사람으로 남고 싶다.
- 불편한 상황이 생길 수도 있다.

이런 암시적 의지를 가진 영업 담당자가 새 고객 추천을 부탁할 확률은 0에 가깝다. 그럼 뛰어난 영업 당담자가 되기 위해서는 어떻게 해야 할까. 일단 이런 암시적 의지의 존재를 인정하고, 암시적 의지와 새로운 고객을 소개받겠다는 의지를 조화시켜야 한다.

이미 8장에서 헌신에 성공할 수 있는 네 가지 비결을 소개한 바 있다. 다시 정리하자면 다음과 같다.

1. 간절하게 원하라.
2. 핵심 활동을 파악하라.
3. 비용을 따져 보라.
4. 기분에 휘둘리지 말라.

이제 네 가지 비결을 실제로 적용해 보자.

▶ 헌신 연습하기

12주 프로그램에서 어떤 일에 헌신할 것인지 설정하는 연습을 해볼 것이다. 다음의 단계를 따라 228쪽의 12주 프로그램 헌신 정리표를 직접 채워 보라.

1. 헌신 바퀴에 일곱 가지 카테고리가 적혀 있다. 각 카테고리마다 진정으로 의미가 있는 목표를 몇 가지 떠올려 보자.

다 떠올렸다면 '12주 목표 선언'이라 적힌 부분에 목표를 적자. 목표는 최대한 긍정적이고 상세하게 작성하기 바란다. 예를 들어 '체중을 80킬로그램까지 빼고 체지방률도 10%까지 줄인다'처럼 작성하면 된다.

2. 목표 달성에 가장 크게 도움을 줄 만한 핵심 활동을 파악하자.

'유일하게' 중요한 활동을 파악하라는 이야기가 아니다. 목표 달성에 도움이 되는 일은 수없이 많을 것이다. 그중에서 '가장' 유용한 활동이 무엇인지 알아야 한다. 매일 또는 매주 실천할 수 있는 활동이라면 이상적이다. 목표 하나당 핵심 활동을 하나씩 정해 '핵심 활동'에 적어 보라.

그럼 체중과 체지방률 목표를 다시 가져와 보겠다. 이 목표를 달성할 수 있는 방법은 많다. 크게 보면 식단 조절과 운동뿐이지만, 세세하게 따져 보면 영양을 어떻게 섭취할 것이며, 어떤 루틴대로 운동을 할 것인지 등 다양한 선택지가 존재한다. 그 수많은 선택지 중건강에 가장 좋은 영향을 줄 방법을 고르면 된다. 이상적으로는 내가 선택한 핵심 활동을 실천할 시, 선택하지 않은 다른 활동도 자연스럽게 실천할 수 있게 된다. 내 개인적인 경험을 예로 들자면, 일주일에 4회 이상 운동을 할 시 식습관도 자동으로 나아지는 경향이 있다. 그래서 운동하기가 내 핵심 활동이 된다.

어떤 핵심 활동을 정하는지는 목표 달성에 매우 중요하다. 결국핵심 활동에 똑바로 헌신해야 목표를 달성할 수 있기 때문이다.

226

3. 두 번째 단계에서 정한 핵심 활동을 매주 실행하려면 어떤 비용과 희생이 필요한지 생각해 보라.

이 내용은 '헌신 비용'에 적으면 된다. 이 단계에서는 명시적 의지와 상충할 수 있는 암시적 의지가 수면 밖으로 드러날 수도 있다. 예를 들어 매일 운동을 한다면 TV도 못 보고, 골프도 전보다 덜 쳐야 하고, 친구들과 만나는 시간이나 가족과 보내는 시간도 줄여야 한다. 매일 아침 일찍 일어나야 할 수도 있으며 매번 피곤함과 싸워야 할 것이다. 식단 조절에는 좋아하는 음식 포기하기, 외식 줄이기, 식사량 줄이기 등의 비용이 따를 수 있다.

4. 비용을 감수하겠다고 결심한 핵심 활동이 있다면 동그라미로 표시하라.

앞으로 12주 동안 이 활동과 목표에 헌신해야 한다. 특히 여기서 표시한 활동은 12주 계획을 세울 때 전술이 될 것이며, 이후 12주 계획에 따라 정해진 주에 실행해야 한다.

다른 사람에게 헌신하기

이번에 살펴볼 두 번째 유형의 헌신은 다른 사람에게 하는 약속과 연관된다. 다른 사람과의 약속을 어떻게 잘 지킬 수 있는지 본격적으로 알아보기 전에, 먼저 다음의 질문에 답해 보기 바란다.

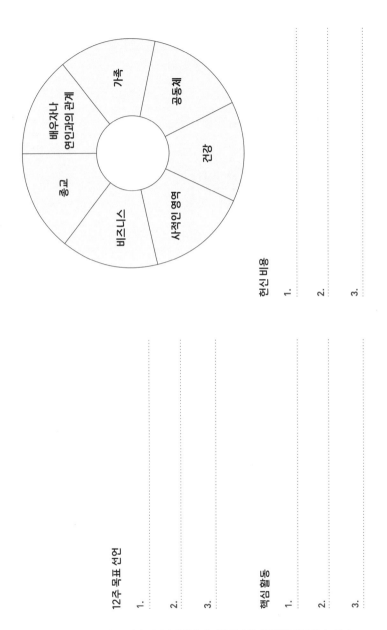

헌신 비율

1.

2.

3.

12주 목표 선언

1.

2.

3.

핵심 활동

1.

2.

3.

12주 프로그램을 진행할 때마다 개인적인 헌신에 집중하면 삶에 변화를 일으킬 수 있다.

228

- 누군가가 당신과 매우 중요한 약속을 해 놓고 지키지 않은 적이 있는가? 당시 상황과 감정을 떠올려 보라.
- 당신이 누군가에게 중요한 약속을 해 놓고 지키지 않은 적이 있는가? 당시 상황과 감정을 떠올려 보라. 상대방의 기분은 어땠을까?
- 약속이 지켜지지 않을 때 각 당사자는 어떤 영향을 받을까? 당사자들 사이의 관계는 또 어떻게 될 것인가?

약속을 어겼을 때 벌어지는 결과를 워크숍 참가자들에게 물었더니 이런 답변이 돌아왔다.

- 정직하지 못하다는 인식
- 상대방에 대한 실망
- 신뢰 상실
- 관계 붕괴

짧은 목록임에도 온갖 부정적인 결과가 모여 있다. 다른 사람과의 약속을 지키지 않으면 관계가 무너지고 목표 달성에 실패하기 쉬우며 자존감까지 낮아질 수 있다.

인간관계에서 입는 상처는 대부분 약속을 지키지 않는 데서 비롯된다. 명시적 약속이든 암묵적 약속이든 예외는 없다. 암묵적 약속은 당사자끼리 명시적으로 합의하지 않았을 뿐, 마땅히 이행해야 하는 약속인 경우가 많다. 예를 들어 이런 것들이다.

- 부모는 자녀가 위험에 빠지지 않게 보호해야 한다.
- 부부는 서로 사랑하고 위로가 되어 주어야 한다.
- 리더는 비전을 제시하고 공정하게 행동해야 한다.
- 리더는 구성원의 성장을 도와야 한다.

누구나 주변 사람들과 암묵적인 약속으로 연결되어 있으며, 우리는 그런 암묵적 약속을 인지해야만 한다. 직장에서 지켜야 할 암묵적 약속에는 무엇이 있는가? 사적인 영역에서는 또 어떤 암묵적 약속을 지켜야 하는가? 암묵적 약속을 잘 지키고 있는가? 혹시 개선의 여지는 없는가?

자기 자신과의 약속을 지키는 데 비결이 있었듯 타인과의 명시적 약속을 잘 지키기 위한 비결 또한 존재한다.

• 약속을 반드시 지키겠다고 다짐하라.

가벼운 마음으로 한 약속은 지키기 어렵다. 약속을 어겼을 때의 후유증과 약속을 지켰을 때의 이득을 제대로 파악하자. 당신이 뱉은 말이 얼마나 중요한지 알아라.

• 비용을 계산하라.

자신과의 약속과 마찬가지로 누군가와 약속을 하기 전에는 그 약속의 비용을 면밀히 따져 봐야 한다. 물론 상황에 따라 시간을 따로 내서 비용을 계산하기가 어려울 수도 있다. 이미 약속을 했다면 추후에라도 정말 이 약속을 지킬 수 있는지 다시 판단해야 한다. 만약 이행이 어렵거나 내키지 않는다면 기한이 지나기 전에 약속을 다시 조정하기 바란다.

• **약속대로 행동하라.**

다른 사람과의 약속이어도 별로 지키고 싶지 않을 때가 있다. 이럴 때는 기분에 휘둘리지 않고 의식적으로 약속을 되새기며 똑바로 행동해야 한다.

생각 바꾸기

한결같이 약속을 지키고 헌신하는 사람이 되기 위해서는 몇 가지 중요한 사고의 전환이 필요하다.

첫 번째는 거절해도 괜찮다는 것이다. 약속을 어기는 것보다는 차라리 처음부터 약속을 하지 않는 게 낫다. 물론 상대방과 이야기하는 그 순간에 거절을 하기란 쉽지 않다. 다른 사람을 실망시키고 싶지 않기 때문이다. 당장 눈앞에 상대방이 있고 약속을 하면 그 사람에게 도움이 될 수 있다. 이러니 누구든 약속을 거절하기 어려울 것이다. 하지만 거절에 따른 실망은 한순간이다. 장기적으로 보면 감당하지 못할 약속을 했다가 지키지 않는 것보다 애초에 약속을 거절하는 게 훨씬 바람직하다. 정말 괜찮으니 마음 편히 거절하자.

두 번째로, 헌신의 장기적인 이점과 단기적인 불편함을 비교할 줄 알아야 한다. 헌신에는 언제나 희생이 따르기 때문이다. 만족 지연, 즉 눈앞의 욕구보다 미래의 성과를 내다보는 건 아주 생산적인 방식이다. 만족 지연은 대다수 사람이 매력적으로 느끼지 않겠지만 이만큼 목표 달성에 효과적인 것도 없다. 헌신의 첫 번째 비결이 강한 열망인 것도 모두 같은 맥락이다. 성공적으로 헌신하기 위해서는 당장의 즐거운 활동 대신 미래의 즐거운 결과를 택하는 마음가짐이 필요하다.

세 번째, 헌신에 관한 한 심리적으로 빠져나갈 구실을 만들어 두면 안 된다. 짐 콜린스Jim Collins는 잡지 『패스트컴퍼니』에 「암벽 등반가의 리더십 교훈Leadership Lessons of a Rock Climber」이라는 글을 기고한 바 있다. 짐은 자신의 암벽 등반 경험을 토대로 '내려가기 failure'와 '떨어지기 fallure'의 차이를 멋지게 설명했다.

> 내려가기와 떨어지기. 암벽 등반에서 둘의 차이는 미묘하지만, 사실 세상 모든 것은 이 둘의 차이로 설명할 수 있다. 떨어지기는 목표한 경로를 모두 오르지는 못한다는 뜻이지만 그렇다고 포기한 것은 아니다. 반면 내려가기는 중도에 포기를 한다는 뜻이다. 떨어지기는 성공 확률이 20%, 10%, 심지어 5%에 불과해도 암벽을 오르기 위해 완전히 헌신했음을 의미한

다. 정신적으로나 육체적으로나 남김없이 쏟아부은 셈이며, 그렇기에 심리적으로 여지를 남기지도 않는다. '글쎄, 뭐 아주 최선을 다하지는 않았으니까. 내 100%를 쏟아부었다면 정상에 올랐을 거야'와 같은 핑계는 없다. 추락의 두려움, 근육에 쌓이는 젖산과 온몸을 짓누르는 고통을 극복하고 불확실한 상황에서도 최선을 다한다. 밑에서 봤을 때 암벽에서 내려오는 사람과 떨어지는 사람은 별반 다르지 않다. 두 경우 모두 공중에 매달린 사람이 보일 뿐이다. 하지만 중도에 내려가기를 선택하는 것과 최선을 다하다 떨어지는 것은 내면에 전혀 다른 경험으로 남는다.

내려가기가 아니라 떨어지기를 경험할 때 자신의 진정한 한계를 알 수 있다.

헌신한다는 건 '내려가기'가 아니라 '떨어지기'를 선택한다는 것이다. 결과보다 과정이 더 중요하다는 사실을 지금 바로 마음속에 새기기 바란다. 결과를 통제할 수는 없지만 행동을 통제하는 건 가능하다. 목표가 너무 크다고, 또는 자신의 능력이 부족하다고 걱정하지 말라. 일단 헌신하기로 했다면 변명하지 말고 최선을 다하라.

이제 마지막 사고의 전환이다. 새로운 도전을 하는 과정에서 두려움, 불확실함, 의심을 극복할 때마다 우리는 더 성장할 수 있다. 다른 어려움에 직면할 때에도 더 쉽게 이겨 낼 수 있으며 이런 경험이 모여 한 사람의 인격과 자아를 형성한다. 무슨 일이든 해낼 수 있다

66

헌신한다는 건
'내려가기'가 아니라
'떨어지기'를
선택한다는 것이다.

99

고 스스로를 믿으면 강력한 힘과 해방감을 얻을 것이다.

팀에 적용하기

구성원들과의 관계를 돈독히 하고 팀의 생산성을 높이려면 리더
가 약속을 지키고 헌신할 줄 알아야 한다. 약속을 어기는 모습이 자
꾸 보이면 서로 감정적으로 상처를 입고 관계가 틀어질 수밖에 없다.

잘나가는 금융 서비스 기업의 CEO인 짐의 사례를 살펴보자. 그
는 한 직원과 일대일 미팅을 하면서 둘 사이에 어떤 긴장이 흐르는
것을 느꼈다. 평소보다 분위기가 경직되어 있었고 직원 역시 본인
의 이야기를 주저하는 듯했다. 이대로 대화를 끝낼 수는 없다고 생
각한 짐은 직원에게 무엇이 문제인지 물었다. 그러자 짐이 원래 하
기로 했던 일을 제대로 처리하지 않았다는 대답이 돌아왔다. 바로
그 순간까지도 짐은 자신이 약속을 어겼다는 사실을 전혀 인지하지
못하고 있었다. 노트를 살펴보니 아니나 다를까 일주일 안에 일을
하나 마무리하고 결과를 알려 주겠다는 약속이 적혀 있었다. 문제
는 그와 약속을 한 지 무려 두 달이 지났다는 것이었다.

이 사례는 아주 흥미롭다. 직원은 짐에게 약속에 대해 일언반구도
하지 않았다. 만약 짐이 이상한 기류를 눈치채지 못했거나 직원에
게 곧바로 물어볼 용기를 내지 못했다면, 지금까지도 그 직원은 짐
이 약속을 지키지 않았다는 말을 하지 않았을 것이다. 그러나 짐의

실수는 둘의 업무 관계에 명백히 부정적인 영향을 끼치고 있었다.

아무리 훌륭한 리더도 모든 면에서 완벽할 수는 없다. 그래도 가능한 한 자신이 한 약속은 잊지 않고 최선을 다해 제시간에 이행해야 한다.

구성원이 모두 각자 한 말에 책임을 다하고 목표를 위해 헌신하는 문화를 만들고 싶다면 리더로서 먼저 모범을 보이기 바란다.

빠지기 쉬운 함정과 성공 팁

함정 1. 약속을 한 번 어겼다고 모든 걸 포기한다.

가끔은 불가피한 일 때문에 약속을 지키지 못할 때가 생긴다. 자기 자신과 다른 사람들을 모두 실망시킬 수도 있다. 하지만 이런 상황에서도 바로 다시 일어서야 한다. 절대 포기하지 말라!

함정 2. 약속을 지키지 못했을 때 자신의 실책을 인정하지 않는다.

약속을 그저 흥밋거리로 바라봐서는 안 된다. 상황이 여의치 않다고 해서 약속을 포기해 버리는 건 곤란하다. 약속을 지키기 어려워졌다면 그 이유가 무엇인지 반드시 파헤쳐야 한다. 만약 약속을 지키지 못했다면 자신의 실책을 즉시 인정하고 대가를 치르기 바란다. 이런 과정을 거치면서 앞으로 어떻게 해야 약속을 잘 지킬 수 있는지 깨닫게 될 것이다.

함정 3. 자신이 한 말을 가벼이 여긴다.

지키지도 못할 약속을 하는 경우도 가끔 있다. 이런 약속은 대개 약속을 하기 전부터 이미 지킬 수 없다는 사실을 안다. 하지만 우리는 상대방과의 관계가 틀어질까 두려워 거절해야만 하는 약속을 수락하고 만다. 문제는 약속을 지키지 못했을 때 상대방이 당신을 더 이상 신뢰하지 않으면서 관계가 더욱 악화된다는 것이다. 약속을 지키기로 했다면 그 말을 가볍게 여기지 말라. 애초에 지키기 어려운 약속은 거절하는 게 바람직하다.

성공 팁 1. 감당할 수 있는 정도로만 헌신하라.

헌신은 숭고한 일이며, 그만큼 진지하게 대해야 한다. 헌신하는 건 좋지만 감당할 수 없는 지경에 이르면 곤란하다. 개인적으로 헌신할 대상은 두세 가지 정도면 충분하다. 경우에 따라 한 가지에 집중하여 헌신하는 게 훨씬 나을 수도 있다. 타인과의 약속일수록 약속을 지킬 수 있을지 정확히 판단해야 한다. 지키지 못할 약속은 처음부터 거절하기 바란다.

성공 팁 2. 헌신하고 있음을 주변 사람들에게 공유하라.

진지한 마음으로 헌신하고 있다면 마음이 맞는 사람들에게 공유하는 것도 좋다. 친구나 직장 동료에게 이 사실을 알리면 끝까지 헌신하겠다는 의지와 책임을 강화할 수 있다.

성공 팁 3. 함께할 사람을 찾아라.

인생이 원래 그렇듯 함께할 사람이 있으면 헌신도 더 쉬워진다. 가능하면 함께 헌신할 수 있는 친구, 직장 동료, 가족을 찾아보라. 주위의 지지와 격려를 받으면 성공적으로 헌신할 가능성이 높아지고 그 과정 또한 더욱 즐거워진다.

19장

첫 12주 프로그램을 위하여

이번 장에서는 12주 프로그램을 개인의 삶과 비즈니스에 쉽게 적용할 수 있도록 여러 검증된 방법을 소개한다. 이 내용을 그대로 따라하기만 하면 12주 프로그램을 성공적으로 활용할 수 있다. 그럼 출발해 보자.

저항 괴물에 맞서기

삶의 목표를 추구할 때 별다른 저항에 부딪히지 않는다면 모두가 위대한 사람이 될 수 있을 것이다. 하지만 현실은 절대 그렇지 않다. 위대한 성과에는 반드시 엄청난 노력이 필요한 법이다. 많은 이가 노력이라는 벽에 막혀 자신의 능력을 제대로 발휘하지 못한 채 살아간다.

이 책을 차근차근 읽어 왔다면 변화를 가로막는 수많은 장애물을 이미 알고 있을 것이다. 실제로 변화에 따른 감정 사이클에는 장애물 때문에 우리가 겪는 감정의 파도가 잘 드러난다. 다행히 이런 장애물의 극복 방법은 그리 어렵지 않다. 방법을 알아보기 전에 우선 어떤 장애물이 있는지 파악해 두는 게 좋다.

변화를 막는 장애물은 목표 달성을 앞두고 마주하게 될 괴물이다. 어린 시절 밤마다 침대 밑에 살던 괴물처럼 환한 낮에 보면 저항 괴물도 별로 무섭지 않다. 변화를 방해하는 장애물 몇 가지를 살펴보면서 두려움을 없애 보자.

여러 훌륭한 책이 변화를 방해하는 장애물이 무엇인지 잘 다루고 있다. 그중에서도 내가 좋아하는 책으로는 칩 히스Chip Heath와 댄 히스Dan Heath의 『스위치 Switch』, 찰스 두히그Charles Duhigg의 『습관의 힘 The Power of Habit』, 수잔 제퍼스Susan Jeffers의 『도전하라 한번도 실패하지 않은 것처럼 Feel the Fear and Do It Anyway』이 있다. 변화의 장애물과 그 해결책을 자세히 알아보고 싶다면 이 책들을 직접 읽어 보기 바란다. 다만 이번 장에서는 핵심 내용을 빠르게 전달할 것이다. 즉, 변화를 가로막는 장애물들의 공통점을 찾아 왜 12주 프로그램이 그토록 효과적인 해결책인지 밝히고자 한다.

즉각적 만족의 필요성

즉각적이고 확실한 편익과 장기적이고 눈에 보이지 않는 보상 사이에서 사람들은 어느 쪽을 택할까? 후자를 선택할 특별한 이유가 없는 이상 열에 아홉은 전자를 고를 것이다. 바꿔 말하면, 변화에 성공했을 때 장기적으로 엄청나게 큰 이득을 볼 수 있더라도, 당장 치러야 할 비용이 단기적 편익보다 크면 사람들은 굳이 변화를 시도하지 않는다는 뜻이다.

성장보다 당장의 안락함을 추구하는 버릇을 바꾸기 위해, 12주 프로그램에서는 12주 목표로 비전을 막연한 미래가 아니라 현재의 관심거리로 끌어온다. 장기적 비전과 12주 계획에 지정된 일일 전술은 12주 목표를 중심으로 연결된다. 그래서 날마다 잠깐이라도 각자의 비전을 되새기면 전술을 실행하고 목표를 달성하는 데 도움이 된다.

우리 고객 중에는 영업직에 종사하면서 새로운 사람을 만나는 게 싫다는 사람도 있었다. 그의 직업을 생각하면 이런 성향은 문제가 될 만했다. 영업이란 새로운 사람을 만나는 것에서 시작되기 때문이다. 어쩌면 아예 다른 일을 알아보는 편이 나을 수도 있었다. 하지만 그는 비전의 힘으로 어려움을 극복했다. 그는 잠재 고객과 처음 만나는 날이면 미팅에 들어가기 전에 비전이 적힌 종이를 운전대에 올려 두고 큰 소리로 읽었다. 이렇게 하니 '왜' 이 길을 선택했고 무엇이 자신에게 동기를 부여하는지 다시금 깨달을 수 있었다.

이 루틴으로 그는 단기적인 이익과 가격 사이의 수식을 재설정했다. 당장의 편안함보다는 장기적인 비전을 택하기로 했고, 결과적으로 새로운 고객을 기꺼이 만날 수 있게 되었다. 의식적인 노력으로 장기적 비전과 매일 하는 일의 방향성을 확실하게 맞춘 셈이다.

커다란 변화와 여러 가지 목표 정복하기

에이미 N. 달튼 Amy N. Dalton과 스테판 A. 스필러 Stephen A. Spiller의 연구에 따르면, 두 가지 이상의 목표를 동시에 추구할 경우 계획을 세워도 그 이점이 빠르게 사라진다고 한다.

연구 결과, 여러 가지 목표에 대해 계획을 세우는 행위 자체가 의욕을 꺾는 것으로 나타났다. 모든 목표를 달성하려 애쓰다 보면 온갖 장애물과 제약 조건은 신경 써야 하는 반면, 몇 없는 즐거움은 포기해야 하기 때문이다. 직관적으로 일리가 있는 설명이다. 집안일을 떠올려 보면 쉽다. 방이 대여섯 개나 되는 집이 난장판이 되어 대청소를 해야 한다고 가정해 보자. 빨래도 쌓여 있고 카페트도 청소해야 한다. 이런 상황이라면 누구나 막막한 마음에 모든 걸 포기해버릴 것이다.

잠시 이런 상황을 상상해 보자. 개인적으로는 자산을 균형 있게 관리하려 하고, 식단 조절과 운동을 병행하면서 살도 뺄 작정이며, 6개월 뒤에는 결혼식을 올릴 것이다. 무엇보다 이제 막 새 직장에서 프로젝트 매니저로 일을 시작해 주어진 목표를 달성해야 한다.

그런데 여기에 목표 하나가 더 추가되면 어떨까? 예를 들어 이번 주 토요일에 결혼식에 참석하기 위해 클리블랜드에서 시카고까지 운전해서 가야 한다면? 안 그래도 벅찬 상황에 새로운 목표가 추가되면서 도저히 감당하기 어려운 지경에 이르렀다. 연구에서 밝힌 대로라면, 어차피 해낼 수 없을 거라는 생각에 모든 계획을 포기하고 당장 기분 내키는 대로 먹고 놀아도 놀랍지 않다.

그런데 실제로 이렇게 포기할 사람은 없을 것이다. 아마 내비게이션의 도움을 받으며 시카고까지 차를 몰고 가서 결혼식에 참석할 가능성이 높다. 이게 어떻게 가능한 걸까? 물론 답은 명확하다. 우리는 운전할 때 오직 하나의 목표를 위해 행동한다. 운전을 하는 동안에는 운동을 할 수도, 프로젝트를 마무리할 수도, 수표책 잔고를 맞출 수도 없다. 목적지에 도착할 때까지 어디서 어느 방향으로 꺾어야 할지에만 집중하지, 다른 목표와 그에 따른 계획은 잠시 옆에 치워 두는 것이다. 그러니 아무리 장거리 운전을 하더라도 별로 부담이 되지 않는다.

자동차 여행뿐만 아니라 다른 목표에도 비슷한 방식으로 접근하면 효과가 있다. 운전 중에는 다른 일을 하기가 사실상 불가능하기 때문에 운전에만 집중할 수밖에 없다. 물론 차선을 바꿀 때나 잠시 차를 세우고 지도를 확인할 때면 다른 목표가 머릿속에 떠오를지도 모른다. 하지만 도로 상황과 경로에 집중해야 할 때는 다른 생각을 할 겨를이 없다.

『스위치』에서 히스 형제의 의견에 따르면, 목표의 크기가 별로 크지 않다고 생각하기만 해도 목표 달성 가능성이 높아진다고 한다. 목표 자체를 소소하게 바꾸라는 말이 아니다. 목표를 어떻게 '생각'하는지가 중요하다.

달튼과 스필러의 연구도 히스 형제의 의견을 뒷받침한다. 둘 이상의 목표를 잡고 계획을 세웠을 때, 계획이 충분히 감당할 만하다고 '생각'한다면 실제로 실행에 옮길 가능성이 높아진다. 이런 경우에는 계획 수립이 여러 목표를 달성하는 데 도움이 된다. 감당할 수 있는 계획이라고 생각만 해도 실행하기도 쉽고 누릴 수 있는 보상도 많아진다. 다시 말해, 계획을 어떻게 생각하는지가 실행력을 결정한다.

『스위치』는 목표의 크기를 '작게' 인식할 방법으로 두 가지를 제안한다. 첫째, 초기에 투자하는 시간에는 제한을 두라. 예를 들어 청소에는 5분만 투자한다. 둘째, 금방 달성 가능한 목표를 찾아 성과를 내라. 예를 들어 크기가 작은 방부터 청소한다. 이렇게 하면 목표가 부담스럽게 느껴지지 않아 한결 쉽게 계획을 실행할 수 있게 된다.

12주 프로그램은 시작하자마자 진행 상황을 즉시 파악할 수 있도록 고안되었다. 사실 이 책을 여기까지 읽은 것만으로도 당신은 12주 프로그램의 초반 단계를 성공적으로 마친 셈이다.

12주 프로그램을 마치고 나면 12주 동안 얼마나 성장했는지 바로 알 수 있다. 엘리트 그룹에 속한 사람들은 더 높은 곳에 오르기 위해 부단히 노력한다. 12주 프로그램의 1주차 주간 계획을 처음으로 실행하는 순간 당신도 엘리트 그룹의 일원이 되는 것이다. 12주 동안 꾸준히 루틴을 실천한다면 그것만으로도 실행 전문가가 되었다고 볼 수 있다. 이렇게 기른 실행력은 남은 인생을 든든하게 지탱해 줄 것이다.

12주 프로그램의 원칙도 여러 가지 목표를 달성하는 데 매우 유용하다. 12주 목표와 함께 일일 전술과 주간 전술을 정하면서 12주를 시작하기 때문에, 이후에 실제로 전술을 실행할 때에는 헤매거나 다른 일에 정신이 팔리지 않고 목표에 가까워질 수 있다. 게다가 매일매일 진행 상황을 체크할 수 있으며, 매주 전략 블록을 활용해 한 번에 하나의 목표와 전술에 집중하는 것도 가능하다. 이렇게 12주 프로그램의 구성 요소를 종합해 보면 여러 가지 목표를 실행하는 데 큰 도움이 될 것이다.

오래된 습관에서 벗어나기

지금의 행동이 결과를 낳는다. 새로운 결과를 만들고 싶다면, 즉 12주 목표를 달성하고 싶다면 지금까지와는 다른 방식으로 다른 것에 도전해야 한다. 문제는 주변 환경이나 동기는 그대로이다 보니 오래된 습관을 따라 예전처럼 행동하기 쉽다는 점이다.

『습관의 힘』에서 두히그는 오래된 습관에서 벗어나 새로운 습관을 가질 수 있도록 네 가지 접근법을 소개한다. 그중 하나가 계획에 따라 움직이는 것이다. 심리학에서는 '실행 의도implementation intention' 라고 부르는 개념으로, 구체적인 실행 계획을 작성해 두면 외부 환경이 바뀌지 않아도 새로운 습관을 만들기 쉽다. 계획을 따르려면 의식적으로 새로운 행동을 해야 하기 때문에 동일한 환경에서도 새로운 결과를 얻기 수월해지는 것이다.

12주 프로그램에서는 주간 루틴을 따른다. 자연스럽게 새로운 동기가 형성되고 새로운 일을 실행하면서 실행 환경도 새롭게 만들어진다. 주간 루틴을 꾸준히 지키면 12주 목표는 현실이 될 것이다.

피해의식 버리기

변화를 막는 장애물이 너무 커 보이면 결국 내면이 아닌 외부로 시선을 돌리기 쉽다. 충분히 위대한 사람이 될 수도 있는데 상황이 뒷받침해 주지 않는다고 생각하는 것이다.

문제의 해결책을 외부에서 찾으려고 하는 한, 스스로의 힘으로 변화하기는 불가능하다. 마음대로 다룰 수 있는 건 각자의 생각과 행동뿐이다. 그 외 모든 건 통제할 수 있기를 그저 바라는 수밖에 없다. 위대한 사람이 되는 데 가장 중요한 건 비전, 목표, 계획에 주인의식을 갖는 것이다. 7장과 17장을 다시 읽으면서 주인의식으로서의 책임감이 얼마나 강력한지 되새겨 보기 바란다. 내 생각에는 이두 장이 이 책에서 가장 중요하고 영향력이 큰 내용을 담고 있다.

세 단계로 시작하는 12주 프로그램

첫 12주 프로그램을 어떻게 시작하느냐가 가장 중요한 포인트일 수 있다. 12주 프로그램을 그저 시험 삼아 도전하는 건 의미가 없다. 그래 봤자 별다른 성과를 거둘 수 없기 때문이다. 12주 프로그램과 함께라면 상상 이상으로 빠르게 목표를 달성할 수 있다. 중요한 건 첫 12주 프로그램부터 100% 완전히 몰입해야 한다는 것이다.

첫 12주 프로그램은 단 한 번뿐인 경험으로 특별한 의미가 있다. 사실 12주를 4주씩 묶어 세 단계로 구성하는 것도 유용하다.

▶ 1주차부터 4주차까지

여러 연구에 따르면 새로운 개념이나 습관을 알게 되었을 때, 더 일찍 그리고 더 자주 행동에 옮길수록 일상적인 루틴으로 만들 가능성이 높아진다고 한다.

지금까지와는 다른 성과를 내고 싶고 그에 맞게 새로운 도전에 나설 준비가 되었다면, 12주 프로그램은 분명 커다란 전환점이 되어 줄 것이다. 12주 프로그램을 구성하는 여러 도구와 개념을 적극 활용하면 계획을 효과적으로 실행할 수 있다.

당신이 해야 할 일 중에는 멀리 보았을 때 전략적으로 중요한 일이 있을 것이다. 특히 이런 일에 시간을 더 쏟아야 한다.

12주 프로그램의 근간을 이루는 활동에 집중하여 최대한 빨리 자신의 것으로 만들어 보자. 주간 루틴을 구성하는 다음의 세 단계가 새로운 습관이 되어야 한다.

> 1. 주간 계획 세우기
> 2. 주간 점수 매기기
> 3. 주간 책임 모임 참석하기

실행을 더 잘하기 위해서는 시간 블록을 활용하고 핵심 지표를 꾸준히 기록할 줄도 알아야 한다.

지금 당장 첫 4주 동안에는 완전히 계획대로만 살겠다고 결심하라. 12주 프로그램에서는 처음 4주가 매우 중요하다. 첫 4주를 똑바로 보내야만 12주 프로그램에 익숙해지고 목표에 빠르게 다가갈 수 있다. 첫 4주 동안 주간 루틴을 활용해 빠르게 성과를 내고 새로운 습관을 형성해 보자. 첫 단추를 잘 끼우면 최종 목표도 더 쉽게 달성할 수 있다. 한 주를 시작할 때에는 반드시 주간 계획을 세우기 바란다. 그리고 매주 잠깐이라도 시간을 내서 지난 주의 진행 상황을 평가해야 한다(지난 주에 대한 평가이므로 평가는 2주차부터 시작하면 된다).

주간 책임 모임에 적극적으로 참여하는 것도 중요하다. 주간 점수와 진행 상황을 점검해 보고, 혹시 문제가 발생했다면 적절하게 대응해야 한다.

▶ 5주차부터 8주차까지

누구나 새로운 도전을 할 때면 처음에는 의욕이 넘치다가 결과를 제대로 내기도 전에 시들해지곤 한다. 절대 이렇게 용두사미로 끝내서는 안 된다. 일단 12주 프로그램을 시작하고 나면 매주 거듭할수록 시스템에 익숙해져 계획을 실행하는 것도 쉬워진다. 말하자면 일상이 되는 셈이다. 그래서 이 두 번째 4주를 조심해야 한다. 12주 프로그램의 신선함은 이미 사라졌겠지만 완주까지는 아직 시간이 많이 남아 있다.

어쩌면 이 기간 동안에는 아주 급하게 해야 할 일은 없을지도 모른다. 하지만 바로 이 기간이 지금의 12주 프로그램은 물론이고 앞으로 진행할 모든 12주 프로그램의 성패를 결정할 수도 있다. 두 번째 4주 동안에는 선행 지표와 후행 지표 모두에서 진전이 보여야 한다. 주간 점수는 85%에 육박해야 하며 실제로 목표에 가까워지고 있다는 게 체감되어야 한다. 해당되지 않는 항목이 있다면 재빨리 문제점을 파악하고 해결에 온 힘을 기울이기 바란다. 계획 자체가 문제일 수도, 실행력이 문제일 수도 있다. 어쩌면 둘 다 문제일지도 모른다. 어느 경우든 이 기간에 반드시 바로잡아야 한다. 이런 과정으로 12주 프로그램을 확실하게 체화하면 남은 인생에도 반드시 도움이 될 것이다.

▶ 9주차부터 12주차까지 (그리고 13주차의 비밀)

12주 프로그램을 훌륭하게 마무리하려면 마지막 4주를 알차게 보내야 한다. 12주 목표의 달성 여부와는 상관없이, 전체 12주 사이클을 확실하게 마무리하는 것 자체로 긍정적인 결과이며 다음 12주를 준비하는 데에도 도움이 된다. 이 시점이 되면 대부분의 사람은 성공하지 못하는 일에 보란 듯이 성공한 셈이다. 생각하고 행동하는 방식을 의식적으로 바꾸어 결과적으로 능력과 성과가 모두 크게 향상한 상태다.

12주 프로그램을 처음 도전할 때에는 기본적으로 두 가지 목표를 달성해야 한다. 물론 하나는 12주 목표를 달성하는 것이며, 더 중요한 나머지 하나는 12주 프로그램에 익숙해지는 것이다. 첫 12주를 배움의 기회로 삼기 바란다. 자신에게 무엇이 효과가 좋았고 무엇이 소용없었는지 잘 판단해 보라. 여기서 배운 교훈은 다음 12주 프로그램에 활용하면 된다.

그래서 13주차가 필요하다. 만약 목표 달성에 아주 조금의 시간이 필요하다면 이 여분의 한 주로 목표를 이루면 된다. 13주차는 이번 12주 프로그램의 성과를 평가하고 다음 12주 프로그램에는 어떤 점을 개선할지 생각해 보는 시간이기도 하다. 자신의 성장과 성공을 모두 인정하고 자축하는 시간으로 보내도 좋다.

당신을 격려하며

처음 12주 프로그램에 참여하는 고객들에게는 중요한 시점마다 코칭 이메일을 보내 준다. 실제로 우리가 보내는 코칭 이메일의 일부를 여기서도 소개하고자 한다. 이 책을 읽고 12주 프로그램에 도전하는 모두에게 도움이 되면 좋겠다. 이 페이지에는 책갈피를 꽂아 두고 언제든 펼쳐 보면서 영감을 얻기 바란다.

▶ 2주차 코칭 이메일

축하드립니다. 12주 프로그램의 첫 주를 성공적으로 마쳤습니다. 지난 주 주간 점수를 아직 매기지 않았다면 지금 잠시 시간을 내어 '점수를 기록하기 바랍니다.' 이어서 '2주차 계획도 세워 주세요.' 평가와 계획을 마쳤다면 다음의 질문에 마음속으로 답해 봅시다.

- 주간 점수는 몇 점인가요?
- 어떤 성과가 있었나요?
- 어떻게 했더라면 더 좋은 성과를 거둘 수 있었을까요?

1주차 주간 점수는 그리 중요하지 않습니다. 중요한 건 매주 시간을 할애해 주간 점수를 매기고 새로운 주간 계획을 세우는 거죠. 미래를 바꾸기 위해 노력하겠다고 결심했나요? 목표를 이루기 위해 계획도 세웠겠죠? 이제 계획대로 실행하기만 하면 됩니다.

'매일 그리고 매주 효과적인 실행을 이어 가야 합니다.' 12주 목표를 달성하려면 꾸준히 실행하는 수밖에 없어요. 시간이 지날수록 점점 주간 점수가 향상되는 게 보일 겁니다. 점수가 오르는 추세를 보인다면 실행이 효과적으로 이루어진다는 뜻이기도 하죠.

완벽할 필요는 없습니다. 그저 인내심을 가지고 꾸준히 실행하세요. 그럼 좋은 한 주를 기원하겠습니다!

"인내야말로 성공에 가장 필요한 자질이다. 인내는 거의 모든 것을 이긴다. 자연도 예외가 아니다."

—존 D. 록펠러 John D. Rockefeller

▶ 3주차 코칭 이메일

3주차에 접어든 것을 환영합니다! 12주 프로그램이 어떻게 진행되고 있는지는 잠시 잊읍시다. 주간 점수에 너무 연연할 필요도 없습니다. 설령 아직 주간 계획을 세우지 않았거나 주간 점수를 기록하지 않았어도 괜찮습니다. 중요한 건 바로 지금이에요.

실행의 비결은 '이 시스템을 꾸준히 적용하는 데' 있습니다.

비전과 계획을 되새길 때입니다. 이어서 당장 오늘부터 다시 실행에 돌입하세요. 아직 12주 계획을 작성하지 않았다면 오늘이 끝나기 전에 작성하기 바랍니다. 주간 계획 세우기나 주간 점수 매기기가 아직 남아 있다면 이번 주에는 반드시 완료해야 합니다.

지금까지 12주 프로그램을 성공적으로 따라왔다면 정말 잘하고 있는 겁니다. 사실 12주 프로그램의 초반 목표 중 가장 중요한 건 시스템에 적응하고 집중하는 거예요. 매일 그리고 매주 계획을 실행하는 데 익숙해지면 주간 점수를 높이는 데에도 더 신경을 쓸 수 있습니다.

더 나아지는 방향으로 노력하고 있다면 지금 당장의 성과는 중요하지 않습니다. 상상해 온 원대한 미래, 그리고 그 미래를 실현하기 위한 계획을 다시 떠올려 보세요. 이제 계획을 실행할 차례입니다.

▶ 5주차 코칭 이메일

이제 5주차입니다. 지난주 점수는 좀 어땠나요? 12주 목표에 계획대로 다가가고 있나요?

남은 시간은 8주입니다. 충분히 좋은 결과를 낼 수 있는 시간이죠. 하지만 12주는 그리 긴 시간은 아니기도 합니다. 그러니 바로 이번 주에도 계획을 반드시 실행에 옮겨야 해요! 목표 달성에 필요한 실행은 매일 그리고 매주 이루어져야 합니다.

8주밖에 남지 않았으니 이제부터는 주간 점수가 85% 밑으로 떨어지면 곤란해요. 주간 점수가 슬슬 중요해지는 시점입니다. 물론 주간 점수가 85%를 넘지 않아도 제법 효과가 보일 거예요. 하지만 주간 점수가 85%를 넘었다면 훨씬 더 큰 성과를 낼 수 있었겠죠. 적당히 괜찮은 주와 아주 훌륭한 주 사이에는 명확한 경계가 존재합니다. 그 기준은 주간 점수 85%이며, 매주 거듭할수록 괜찮음과 훌륭함 사이의 격차는 누적될 겁니다.

처음으로 시작한 12주 프로그램에서 첫 5주를 보냈는데요. 지난 5주 동안 주간 점수가 매번 85% 이상이었다면 지금쯤 어땠을까요? 불과 5주만에 얼마나 큰 변화가 일어날 수 있을지 상상해 보세요. 5주 동안 85%가 넘는 점수를 꾸준히 기록한다면 결과를 송두리째 바꿀 수 있습니다. '심지어 인생을 완전히 바꿔 놓을 수도 있죠.'

만약 12주 프로그램을 통틀어 85% 이상의 점수를 유지할 수 있다면, 그런 12주 프로그램을 네 번, 다섯 번 더 거치게 된다면 그 결과는 어마어마할 겁니다.

이번 주 주간 점수는 꼭 85%를 넘겨 봅시다!

▶ 8주차 코칭 이메일

벌써 8주차입니다! 12주 프로그램은 이렇게나 빠르게 흘러간답니다. 8주차 정도가 되면 소위 '생산적 긴장'이 생기기도 하죠.

12주 프로그램을 진행하게 되면 부족한 실행력이 여과 없이 드러나게 됩니다. 12주 프로그램을 시작하기 전에는 어렴풋이만 느끼던 것이 이제는 눈에 너무나 잘 보일 거예요. 이럴 때 생산적 긴장이 발생합니다. 꼭 해야 할 일이 있다는 걸 알면서도 그 일을 하지 않을 때 느끼는 불편한 감정, 이게 바로 생산적 긴장입니다.

누구나 본능적으로 이런 불편한 감정은 해소하고 싶어 합니다. 생산적 긴장을 해소하는 데는 크게 두 가지 방법이 있어요. 아무래도 쉬운 쪽은 12주 프로그램을 포기하는 겁니다. 문제를 그냥 외면해 버리겠다는 거죠. 대체로 이 방식은 수동적인 저항으로 나타나는데요. 말하자면 주간 계획 작성이나 주간 점수표 작성을 차일피일 미루기만 합니다. 나중에 하겠다고 스스로 되뇌지만 나중은 절대 오지 않을 거예요.

다른 방법은 생산적 긴장을 변화의 촉매로 활용하는 겁니다. 불편함을 피하기보다는 생산적 긴장을 원동력 삼아 변화를 추구하는 거죠.

생산적 긴장을 얼마든지 각오했을 걸로 믿습니다. 생산적 긴장은 실질적인 변화를 나타내는 선행 지표이기도 해요. 도망치는 선택지를 제외하고 나면, 결국 생산적 긴장의 불편함이 전술을 실행하는 에너지가 됩니다. 배수의 진을 쳤으니 불편함을 해소할 유일한 방법은 계획을 실행하면서 앞으로 나아가는 것뿐이니까요.

더 효과적인 실행, 더 훌륭한 결과를 원한다면 생산적 긴장을 활용할 줄 알아야 합니다. 지금 당장 실행하기 바랍니다!

▶ 11주차 코칭 이메일

어느덧 11주차가 되었네요. 우리의 '1년'이 이제 2주밖에 남지 않았습니다. 이번 12주를 어떻게 보내셨나요? 12주 목표를 달성할 것 같나요? 계획은 잘 실행하고 있는지요?

'생각'이 '행동'을 낳고 궁극적으로 '결과'로 이어진다는 사실을 명심하세요. 아직도 12주가 끝날 때까지 시간이 많이 남았다고 생각하나요? 얼마 안 남은 며칠 동안 마지막 에너지를 불태울 작정인가요?

짐 콜린스는 저서『좋은 기업을 넘어 위대한 기업으로 Good to Great』에서 주州 대회 2연패를 달성한 고등학교 크로스컨트리 팀을 소개한 바 있습니다. 원래는 주 20위권 정도이던 팀이 꾸준한 우승 후보로 탈바꿈하더니 결국 2연속 우승을 거머쥐었어요. 코치는 이렇게 말했습니다. "저희가 왜 이리 잘하는지 저도 모르겠어요. 다른 팀보다 유달리 더 열심히 훈련하는 것도 아닙니다. 저희가 한 일은 정말 단순한 건데 왜 이렇게 다른 결과가 나오는 걸까요?"

이들의 비결을 알면 아마 놀랄 겁니다. 바로 '막판 스퍼트'예요. "저희는 훈련 막바지에 가장 열심히 달립니다. 경기에서도 마찬가지로 끝나갈 쯤에 이를 악물고 달리죠. 시즌 전체로 봐도 저희는 막판에 최고의 힘을 발휘합니다."

12주 프로그램도 결국 마무리가 중요합니다. 목표를 달성할 수 있는 시간이 이제 2주밖에 남지 않았어요. 스포츠로 치면 시즌이 끝나가는 셈이죠.

온 에너지를 집중해 12주 프로그램의 막판 스퍼트를 할 시간입니다. 다음 주, 다음 달 모두 너무 늦습니다. 이번 주 주간 계획은 세워두었겠죠? 오늘 당장 해야 할 일을 처리합시다!

모든 힘을 바쳐 12주 프로그램을 멋지게 마무리하기 바랍니다.

'12주'를 멋지게, '이번 주'를 멋지게, '오늘'을 멋지게 마무리하세요!

위대한 사람으로 거듭납시다!

팀에 적용하기

12주 프로그램을 최대한 활용하고 싶은 리더라면 첫 12주를 절대 허투루 보내서는 안 된다. 첫 12주가 어떻게 진행되는지에 따라

"

위대한 사람으로
거듭납시다!

"

팀원들은 12주 프로그램을 팀의 새로운 시스템으로 볼 수도 있고 한 달짜리 실험으로 볼 수도 있다.

리더로서 해야 할 중요한 일 중 하나는 되도록 일찍 그리고 자주 진행 상황을 파악하는 것이다. 개인의 목표와 팀의 목표를 골고루 살펴보기 바란다. 매주 사기를 북돋워 주고, 무언가 진전된다는 느낌을 전파해야 한다. 그리고 프로세스에 변화가 생긴다면 즉시 알아차려야 한다. 결과는 마음대로 바꿀 수 없으니 프로세스에 최대한 집중하자.

첫 주에는 팀원들의 12주 계획을 점검하기 바란다. 필요하다면 개선점을 제안할 수는 있으나, 실제로 계획을 세우고 수정하는 건 모두 팀원의 몫이어야 한다. 특히 12주 프로그램을 처음 도입하는 시점이라면, 팀원들이 어설프게 작성한 계획에 따라 일을 실행해서는 안 된다.

가능하면 주간 책임 모임에 참석하는 것도 좋다. 그 자리에서 팀원들에게 격려의 말을 건네라! 리더 당신의 주간 계획과 주간 점수표를 챙겨 가면 모범을 보일 수 있을 것이다.

적어도 3주에 한 번은 모든 팀원과 일대일 미팅으로 진행 상황을 점검하기 바란다. 팀원에게 12주 계획, 주간 계획, 평균 주간 점수, 선행 지표와 후행 지표를 함께 확인하자고 제안하라. '백문이 불여일견'이라고 직접 눈으로 확인해야 기대하는 바를 실현할 수 있다.

사후 검토하기

리더의 필수 자질 중 하나는 항상 성장하려고 노력하는 것, 그리고 팀원들도 성장할 수 있게 돕는 것이다. 첫 번째 12주 프로그램을 마무리하면서 사후 검토를 하면 리더는 물론이고 팀 전체가 많은 것을 배우고 크게 성장할 수 있다. 이후에 진행할 새로운 12주 프로그램에도 당연히 도움이 될 것이다. 사후 검토 시간에는 지난 12주 동안 어떤 방법이 효과가 있었는지, 다음 12주에는 어떻게 해야 프로그램의 효과가 더 커질지 검토하게 된다. 앞으로도 12주 프로그램이 끝날 때마다 잊지 말고 면밀하게 사후 검토를 진행하기 바란다.

당신의 능력보다
초라한 삶을 살지 마라

12주 프로그램은 12주로 끝나지 않고 항상 13번째 주로 이어진다. 13주차는 지난 12주를 돌아보고, 새로운 목표와 계획으로 다음 12주 프로그램을 준비하는 시간이다.

어떻게 보면 이번 맺음말이 이 책의 13번째 주인 셈이다.

12주 프로그램은 실행을 보다 효과적으로 함으로써 더 나은 성과를 내도록 도와주는 시스템이다. 이제는 12주 프로그램이 성과를 내는 데 필요한 모든 게 갖춰진 완전한 시스템이라는 사실을 확실히 깨달았으리라 믿는다. 12주 프로그램만으로도 삶의 모든 영역에서 성과를 크게 향상할 수 있다. 물론 프로그램에 100% 집중했을 때의 이야기다.

12주 프로그램의 힘은 실제로 도입해 봐야만 알 수 있다. 이미 수만 명의 고객이 이 프로그램으로 계획을 실행해 놀라운 결과를 얻었다. 12주 프로그램이 당신에게도 어떤 놀라운 결과를 가져다줄지 마음껏 기대해도 좋다.

이 책을 구입하고 읽어 준 모든 독자에게 감사를 전한다. 책에 소개된 아이디어를 받아들여 일상에 적용한다면, 이 책을 구입하고 읽는 데 든 시간과 돈이 인생 최고의 투자가 될 것이라 확신한다. 12주 프로그램 덕분에 삶에 변화가 일어났다면 친구나 동료에게도 적극 공유해 보기 바란다.

토머스 에디슨은 "우리가 무엇을 해낼 수 있는지 보고 나면, 우리 자신이 가장 놀랄 것이다"라고 말했다. 당신에게도 엄청난 잠재력이 있다! 위대한 사람이 되는 데 필요한 모든 걸 이미 갖추고 있다는 뜻이다. 너무 완벽한 타이밍을 기다리지 말고 일단 지금의 위치에서 당장 시작해 보기 바란다. 얼마 지나지 않아 생각, 행동, 결과가 바뀌는 걸 보며 깜짝 놀랄 것이다. 머리말에서 언급한 두 가지 삶이 기억나는가? 하나는 우리가 살고 있는 삶, 다른 하나는 우리가 살 수 있는 삶이었다. 절대 자신의 능력보다 초라한 삶을 살지 않기 바란다!

Cassara, Lou. From Selling to Serving: The Essence of Client Creation. Chicago: Dearborn Trade Publishing, 2004.

Collins, Jim. Good to Great: Why Some Companies Make the Leap . . . and Others Don't좋은 기업을 넘어 위대한 기업으로: 위대한 기업과 괜찮은 기업을 가르는 결정적 차이는 무엇인가. New York: HarperCollins, 2001.

Collins, Jim. "Leadership Lessons of a Rock Climber." Fast Company, December 2003.

Dalton, Amy N., and Stephen A. Spiller. "Too Much of a Good Thing: The Benefits of Implementation Intentions Depend on the Number of Goals." Journal of Consumer Research 39 (October 2012).

Deutschman, Alan. "Change or Die." Fast Company, May 1, 2005.

Duhigg, Charles. The Power of Habit: Why We Do What We Do in Life and Business습관의 힘: 반복되는 행동이 만드는 극적인 변화. New York: Random House, 2012.

Heath, Chip, and Dan Heath. Switch: How to Change Things When Change Is Hard스위치: 손쉽게 극적인 변화를 이끌어내는 행동설계의 힘. New York: Broadway Books, 2010.

Jeffers, Susan. Feel the Fear and Do It Anyway자신감 수업: 두려움을 용기로 바꿀 수만 있다면. New York: Random House, 1987.

Kelley, Don, and Daryl R. Connor. "The Emotional Cycle of Change," in The 1979 Annual Handbook for Group Facilitators, edited by John E. Jones and J. William Pfeiffer. New York: John Wiley & Sons, 1979.

Koestenbaum, Peter, and Peter Block. Freedom and Accountability at Work: Applying Philosophic Insight to the Real World. San Francisco: Jossey-Bass, 2001.

Lohr, Steve. "Slow Down, Brave Multitasker, and Don't Read This in Traffic." New York Times, March 25, 2007.

Malachowski, Dan. "Wasted Time at Work Still Costing Companies Billions," June 2005, www.salary.com/wasted-time-at-work-still-costing-companies-billions-in-2006/.

Moran, Brian. "Performance Change with Pre-Task Planning Applied Prior toTask Execution."Study conducted in 1989 by Senn-Delaney Management Consultants. Results not published.

Pressfield, Steven. The War of Art: Break Through the Blocks and Win Your Inner Creative Battles최고의 나를 꺼내라: 영화 〈300〉 원작자의 치열한 자기극복 이야기. New York: Black Irish Entertainment, 2002.

U.S. Bureau of Labor Statistics."American Time Use Survey," 2011.

옮긴이 정성재

서울대학교 기계항공공학부를 졸업하고 동 대학원에서 석사 학위를 취득했다. 현재 IT 교육 스타트업에서 교육 콘텐츠 제작자로 활동하고 있다. 옮긴 책으로『앞으로 10년 부의 거대 물결이 온다』,『나폴레온 힐 마지막 수업』,『내향인만의 무기』가 있다.

성공한 사람들은 1년을 어떻게 사용하는가

위대한 12주

초판 1쇄 발행 2024년 11월 7일
초판 3쇄 발행 2025년 1월 9일

지은이 브라이언 P. 모런, 마이클 레닝턴
옮긴이 정성재
펴낸이 김선식, 이주화

기획편집 이동현
콘텐츠 개발팀 이동현, 임지연
콘텐츠 마케팅팀 안주희
디자인 STUDIO 보글

펴낸곳 ㈜클랩북스 **출판등록** 2022년 5월 12일 제2022-000129호
주소 서울시 마포구 어울마당로3길 5, 201호
전화 02-332-5246 **팩스** 0504-255-5246
이메일 clab22@clabbooks.com
인스타그램 instagram.com/clabbooks
페이스북 facebook.com/clabbooks

ISBN 979-11-93941-19-5 (03320)

(주)클랩북스는 독자 여러분의 책에 관한 아이디어와 원고 투고를 기다리고 있습니다.
책 출간을 원하시는 분은 이메일 clab22@clabbooks.com으로 간단한 개요와 취지, 연락처 등을 보내주세요.
'지혜가 되는 이야기의 시작, 클랩북스'와 함께 꿈을 이루세요.